줄넘기 스쿨

어린이들이 가장 궁금해하는 줄넘기 잘하는 방법 모음

줄넘기 잘하고 싶은 친구들! 지금 바로! '줄넘기 스쿨'로 오세요!

-일러두기
본 책에 수록된 사진의 모습은 거울을 본다고 생각하고 동작을 따라 하면 됩니다.
사진의 모델이 왼발로 점프하면 여러분들은 오른발로 점프하면 됩니다.

CONTENT

CONTENT

　줄넘기 수업 시간, 준비운동도 하기 전인데 아이들이 여기저기서 양발 모아뛰기, 2중 뛰기, 엇걸어뛰기를 시도합니다. 줄넘기가 바닥을 탁탁 치는 소리와 점프했다가 '쿵'하고 착지하는 소리, 아우성이 뒤섞여 5일 장보다 더 왁자지껄합니다. 초등학교 아이들이 가장 많이 하는 운동은 바로 줄넘기일 것입니다. 학교에서도 많이 접하고 방과 후에도 태권도 도장 등 체육 학원에서도 줄넘기를 할 기회가 많이 있을 것입니다.

　십 수 년 간 현장에서 교사로서, 줄넘기 전문 강사로서 아이들을 지도해보니 공통적으로 줄넘기에 대해 관심 있어 하는 내용들이 있었습니다. 먼저, 줄넘기를 한 개도 못하는 아이들은 '어떻게 하면 줄을 넘을 수 있을까' 하는 고민을 합니다. 그러나 대게는 물어볼 용기를 내지 못해서 줄넘기 수업 시간에 줄넘기만 들고 우두커니 서 있는 모습을 많이 봐왔습니다. 줄넘기를 몇 번 넘을 수 있는 아이들은 바로 2중 뛰기를 시도합니다. 타이밍을 잘 잡아 동작을 하면 생각보다 어렵지 않은 동작이지만 요령이 없는 아이들은 높게 점프하고 힘으로 2중 뛰기를 성공시키려고 노력합니다. 간혹 운동 센스와 힘이 좋은 아이들은 2중 뛰기를 1개 성공하기도 합니다. 하지만 연속으로 하기는 어렵고 대부분의 아이들이 2중 뛰기 1개를 어떻게 하면 성공시킬 수 있을까 고민합니다. 2중 뛰기와 함께 아이들이 꼭 시도해보는 기술이 엇걸어뛰기입니다. 양팔을 교차하여 줄을 넘는 방법인데 한창 유연성이 좋은 시기라 양팔을 깊숙이 교차해서 어떻게든 한 두 개 성공시킵니다. '선생님 제가 줄 넘는 모습 좀 보세요!' 하며 방금 성공한 기술을 시도하지만 선생님이 바라보기만하면 줄이 발에 걸리는 상황이 야속하기만 합니다. 다음 고민은 긴줄넘기에 대한 두려움입니다. 긴줄이 돌아가기 시작하고 그 안에 들어가 뛰어야하는데 오늘 내로 줄 안에 들어갈 수 있을지, 줄 안에 들어가질 못하고 연신 돌아가는 줄만 감상하고 있습니다. '나 때문에 단체줄넘기 줄이 걸리면 어쩌지?', '친구들이 나를 탓하지는 않을까?', '돌아가는 긴줄넘기에 맞으면 정말 아프겠는 걸' 하는 생각들이 듭니다.

　아이들의 이런 고민들을 해결해주고 즐겁게 줄넘기 운동을 할 수 있게 도와주기 위하여 이 책을 집필하게 되었습니다. 이 책을 통해 줄넘기 운동을 즐겁게 하고 몸도 마음도 쑥쑥 자라는 여러분이 되기를 기대해봅니다.

- 여는 글 -

'딩동 댕동~!'

"줄넘기 스쿨에 오신 것을 환영합니다!"

"저는 일주일 동안 여러분의 담임을 맡게 된 줄넘기의 달인 줄돌이 선생님이라고 합니다."

"여러분이 배우고 싶은 줄넘기 기술과 궁금해하는 점들을 모두 해결해줄게요."

"줄넘기 잘하는 어린이가 될 준비 되었죠?"

- 등장인물 소개 -

줄돌이 쌤

- '줄넘기 스쿨' 1학년 1반 담임 선생님
- 15년 경력의 줄넘기 달인
- 줄넘기 스쿨 아이들에게 늘 도움을 준다.

쌩쌩이

- '줄넘기 스쿨' 1학년 1반 반장
- 이중 뛰기를 잘하지 못하지만 이중 뛰기 기술을 가장 좋아하는 아이
- 줄을 돌릴 때 '쌩쌩' 소리가 날 정도로 줄을 빠르게 잘 돌린다.

쑥쑥이

- '줄넘기 스쿨' 1학년 1반 학생
- 키가 '쑥쑥' 자라기 위해 줄넘기 스쿨에 들어왔다.

통통이

- '줄넘기 스쿨' 1학년 1반 학생
- 줄을 넘을 때 줄을 '통통' 가볍게 점프하여 넘는다.

- 제1장 -
월요일! 줄넘기 기초 다지기!

<❶교시> - 줄넘기의 종류 알아보기

"여러분, 집에 줄넘기 줄 다 가지고 있죠? 혹시 어떤 줄넘기를 가지고 있나요?"

* 줄넘기는 줄이 만들어진 재료에 따라 다양한 종류가 있어요.

1) 구슬 줄: 줄을 여러 번 돌려도 꼬이지 않고 줄을 넘을 때 바닥을 치는 소리가 나며, 줄에 플라스틱으로 만들어진 구슬이 끼워져 있기 때문에 무게감이 있어 운동량을 늘려 주는 데 효과적이에요.

2) 스피드 줄: 줄이 PVC(플라스틱의 한 종류) 재질로 만들어져 가볍기 때문에 여러 분이 좋아하는 2중 뛰기, 엇걸어뛰기 등 다양한 줄넘기 기술을 하는 데 알맞아요.

3) 와이어 줄: 줄 부분이 철 재질로 되어 있어 빠른 회전이 가능하기 때문에 스피드를 겨루는 줄넘기 경기종목에 주로 이용되요.

4) 이외에도 면 줄넘기, 나일론 줄넘기 등 다양한 재료로 만들어진 줄이 있어요.

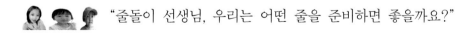 "줄돌이 선생님, 우리는 어떤 줄을 준비하면 좋을까요?"

"여러분들은 구슬 줄과 스피드 줄 두 가지 정도 준비하면 좋을 것 같아요. 물론, 다른 줄넘기도 상관은 없어요."

"줄넘기 줄은 뭉쳐서 보관하면 나중에 줄이 꼬여서 사용하기가 불편해요. 그러니 줄을 잘 펴서 걸어서 보관하도록 해요."

"선생님, 줄넘기의 줄 길이에도 여러 가지가 있던데요. 어떤 차이가 있나요?"

"네, 맞아요. 줄넘기 줄은 줄 길이에 따라서도 다양한 종류가 있고 용도가 달라요."

1) 2.5m: 개인줄넘기용 줄로 주로 이용되요.

2) 3m: 짝줄넘기용 줄로 주로 이용되요.

3) 4m: 8자마라톤, 긴줄2도약넘기, 쌍줄넘기용 줄로 주로 이용되요.

쌍줄넘기: 위의 그림처럼 긴줄 2개를 이용하여 줄넘기를 하는 방법이에요.

4) 6m: 긴줄4도약넘기용 줄로 주로 이용되요.

5) 8m: 긴줄뛰어들어함께뛰기용 줄로 주로 이용되요.

"선생님, 그런데 '2도약 넘기', '4도약 넘기'라는 말이 무슨 뜻인가요?"

"여기서 도약은 '점프'를 의미해요. 2도약은 줄 안에서 2번 점프, 4도약은 줄 안에서 4번 점프한다는 뜻이에요."

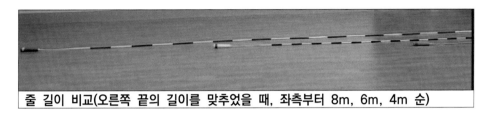

줄 길이 비교(오른쪽 끝의 길이를 맞추었을 때, 좌측부터 8m, 6m, 4m 순)

 "자, 이제 줄이 준비되었으니 줄과 친해질 수 있는 준비운동을 해볼 거예요. 선생님이 개발한 '줄넘기 티니클링'이라는 운동을 같이 해봐요."

잠깐! *여기서 '티니클링'이란?

필리핀의 전통놀이에요. '티니클링'이란 목과 다리가 길고 점잖게 걷는 새의 이름이고 쌀을 미끼로 해서 새를 잡으려고 하지만 먹이만 먹고 피하는 새의 동작을 표현한 춤이에요.

두 개의 긴 대나무 장대의 양쪽 끝을 잡은 두 사람이 리듬에 맞추어 리듬감 있게 흔들어 소리를 내기 시작하면 무용수는 그 주위를 돌며 춤을 추거나 대나무 사이를 닿지 않게 뛰면서 율동하는 민속춤이에요.

 "먼저 줄을 아래와 같이 놓아보세요."

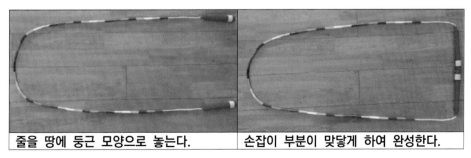

| 줄을 땅에 둥근 모양으로 놓는다. | 손잡이 부분이 맞닿게 하여 완성한다. |

👧 '쿵', "아얏! 선생님, 쌩쌩이가 줄을 밟고 넘어졌어요!"

👨 "저런, 바닥에 놓은 줄 부분을 밟으면 미끄러져 다칠 수가 있어요." "특히, 구슬 줄넘기의 구슬 부분이 둥글기 때문에 더욱 조심해야 해요."

👨 "그럼 다 함께 줄넘기 티니클링 동작을 따라해 볼까요?"

* 발 모았다가 벌려 뛰기

양발로 제자리에서 2번 점프해요.

양발을 벌려 2번 점프해요.

👨 "이 동작을 4번 반복(16박자) 해보세요."

👧 "선생님! 줄을 넘지 않아도 줄넘기를 할 수 있다니 참 좋은데요?"

"두 번째 동작도 따라해 보세요."

* 양줄 번갈아 벌려 뛰기

왼쪽 줄 부분이 두 발 사이에 오게 양발을 벌려 2번 점프해요.

오른쪽 줄 부분이 두 발 사이에 오게 양발을 벌려 2번 점프해요.

 이 동작을 4번 반복(16박자) 해보세요.

줄 안쪽에서 왼발, 오른발 순으로 번갈아 한 번씩 점프해요.

* 양발 번갈아 뛰기

줄 왼쪽에서 왼발로 2번 점프해요.

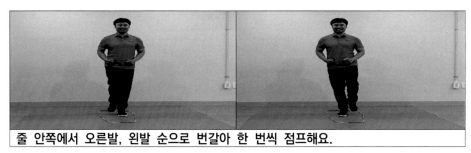

줄 안쪽에서 오른발, 왼발 순으로 번갈아 한 번씩 점프해요.

줄 오른쪽에서 오른발로 2번 점프해요.

"학교 종 노래를 부르며 지금까지 배운 동작을 이어서 해볼까요?"

파트	박자	티니클링 동작
전주	16	줄 안에서 제자리 걸으며 준비하기
노래 1절	8	발 모았다가 벌려 뛰기
	8	발 모았다가 벌려 뛰기
	8	양줄 번갈아 벌려 뛰기
	8	양줄 번갈아 벌려 뛰기
간주	16	리듬을 타며 준비하기
노래 2절	8	발 모았다가 벌려 뛰기
	8	발 모았다가 벌려 뛰기
	8	양발 번갈아 뛰기
	8	양발 번갈아 뛰기
후주	16	줄 안에서 제자리 걸으며 마무리하기

학교 종

창작: 주종민

* 양발 한 발 뛰기

양발로 2번 점프해요.

줄 왼쪽으로 왼발로 2번 점프해요.

줄 안에서 양발로 2번 점프해요.

줄 오른쪽에서 오른발로 2번 점프해요.

* 모아 뛰고 돌기(왼쪽이나 오른쪽으로 돌기)

양발로 2번 점프해요.

왼쪽으로 180도 돌며 양발을 벌려 2번점프해요.

줄 안에서 양발을 모아 2번 점프해요.

오른쪽으로 180도 돌며 양발을 벌려 2번 점프해요.

 "줄돌이 선생님, 줄넘기 티니클링을 하였더니 몸이 가벼워지고 움직임이 부드러워진 느낌이에요."

 "그래요, 이제 우리 몸이 운동을 할 준비가 된 거예요."
"그럼, 이번에는 부상을 예방하고 줄넘기 더욱 잘 하기 위해 몸을 쭉쭉 늘려주는 스트레칭을 해볼 거예요. 선생님의 동작을 따라해 보세요!"

* 다함께 스트레칭 해요!

목을 왼쪽으로 지그시 당겨 줘요.	목을 오른쪽으로 지그시 당겨 줘요.
목을 아래쪽으로 지그시 당겨 줘요.	목을 위쪽으로 지그시 밀어줘요.
오른손으로 왼팔을 당겨 지그시 눌러줘요.	왼손으로 오른팔을 당겨 지그시 눌러줘요.
오른손으로 왼쪽 팔꿈치를 아래로 당겨줘요.	왼손으로 오른쪽 팔꿈치를 아래로 당겨줘요.
왼쪽 손목을 오른손으로 지그시 당겨줘요.	오른쪽 손목을 왼손으로 지그시 당겨줘요.

깍지를 끼고 왼쪽 옆구리를 늘려줘요.	깍지를 끼고 오른쪽 옆구리를 늘려줘요.
햄스트링을 늘려줘요.(손바닥은 정면 방향).	햄스트링을 늘려줘요.(손바닥은 지면 방향).
양발을 벌리고 왼쪽 어깨를 눌러줘요.	양발을 벌리고 오른쪽 어깨를 눌러줘요.
왼쪽 다리를 길게 늘려줘요.	오른쪽 다리를 길게 늘려줘요.
두 다리를 일직선으로 놓은 상태에서 오른쪽 무릎은 구부리고 왼쪽 다리는 쭉 펴서 왼쪽 장딴지를 늘려줘요	두 다리를 일직선으로 놓은 상태에서 왼쪽 무릎은 구부리고 오른쪽 다리는 쭉 펴서 오른쪽 장딴지를 늘려줘요.
왼쪽 건을 늘려줘요.	오른쪽 건을 늘려줘요.

왼쪽 발목을 돌려줘요.	왼쪽 새끼발가락을 지면에 대고 발목 측면을 지그시 눌러줘요.
오른쪽 발목을 돌려줘요	오른쪽 새끼발가락을 지면에 대고 발목 측면을 지그시 눌러줘요.
왼쪽 허벅지를 늘려줘요	오른쪽 허벅지를 늘려줘요
시계 방향으로 허리를 돌려줘요.	반시계 방향으로 허리를 돌려줘요.
팔을 접은 채로 어깨를 아래에서 위쪽 방향으로 돌려줘요	팔을 접은 채로 어깨를 위쪽에서 아래쪽 방향으로 돌려줘요
무릎을 시계, 반시계 방향으로 돌려줘요.	숨 고르기를 해요.

 "지금 한 스트레칭 동작을 매일 해주면 키가 쑥쑥 크는 데도 도움이 된답니다!"

<❷교시> - 줄 길이 조절하기

👨 "이제 준비한 줄을 꺼내 10번 넘어보세요. 줄이 자연스럽게 잘 넘어가나요?"

👦 "선생님, 줄이 자꾸 발에 걸려요! "

🧑 "저는 줄이 머리 뒤에 자꾸만 걸려요!"

👨 "여러분, 신발이 발 크기에 비해 너무 크거나 작으면 달리기를 잘 할 수 없죠? 줄넘기도 마찬가지예요. 줄넘기를 잘하려면 줄 길이를 나에게 맞게 조절하는 것이 아주 중요하답니다."
"줄 길이 조절하는 방법에 대해 자세히 알아볼까요?"

1) 넉넉한 길이의 줄을 사서 키에 맞게 조절해야 해요. 구슬 줄넘기인 경우 줄에 끼워진 구슬의 개수를 조절하여 줄 무게를 여러분의 체력에 맞게 적당히 조절해줘야 해요.
2) 줄이 너무 길면 줄이 바닥에 튕겨 올라와 걸릴 확률이 높아져요. 그리고 줄이 내 발끝에서 먼 곳에 떨어지기 때문에 점프를 높이 해야 줄이 넘어갈 수 있게 되는 거예요.
3) 줄이 너무 짧으면 머리에 걸리게 되요.

줄이 길어서 바닥에 튕겨 걸리는 경우예요.	줄이 짧아서 머리에 걸리는 경우예요.

"선생님, 그러면 줄을 적당한 길이로 조절하려면 어떻게 해야 하나요?"

"선생님을 따라해 보세요!"

- 줄을 바닥에 닿게 하고 한 발로 줄을 밟아 위로 그대로 당겨 손잡이의 길이를 제외한 줄 길이가 명치와 배꼽 사이에 닿을 정도가 적당한 길이에요.
- 줄넘기를 많이 해서 실력이 늘어날수록 배꼽 위치에 가깝게 줄의 길이를 짧게 조절해 주면 좋아요.

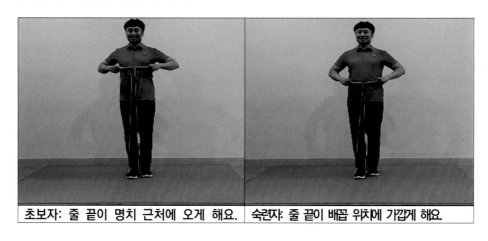

| 초보자: 줄 끝이 명치 근처에 오게 해요. | 숙련자: 줄 끝이 배꼽 위치에 가깝게 해요 |

"줄 길이를 조절하려면 매듭을 풀어서 묶어야 하는 경우도 있어서 여러분들에게 어려울 수 있어요. 줄 길이를 조절할 때는 선생님이나 부모님의 도움을 받으면 좋답니다."

- 위와 같이 줄 길이를 맞추면 대부분 나에게 맞는 줄 길이가 돼요. 그러나 이렇게 줄 길이를 맞춰서 줄을 돌려봤는데 줄이 자꾸 걸려 잘 넘어가지 않을 경우에는 줄을 돌리는 자세나 체형에 따라 다시 한번 줄의 길이를 조절해 주어야 해요.

"선생님, 줄을 돌리는 자세를 보고 줄 길이를 어떻게 조절하죠?"

"자신이 줄넘기를 하는 자세를 친구에게 부탁하여 스마트폰 카메라로 찍어 살펴보세요. 줄넘기를 할 때 손잡이가 어느 높이에 있는지 보는 거예요. 한발로 줄을 밟아서 위로 끌어올렸을 때 손잡이를 제외한 줄 부분이 줄넘기 할 때 손잡이가 있는 높이까지 오도록 길이를 조절해 주면 돼요."

"아래와 같이 여러 가지 자세가 나올 거예요. 바른 자세로 줄을 넘는 것도 좋지만 몸에 무리가 가지 않는 범위에서 나에게 편한 자세로 넘는 것도 좋은 방법이에요."

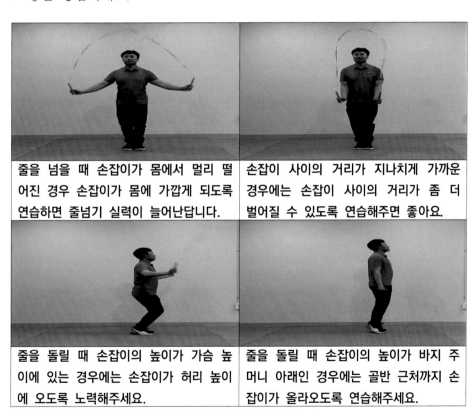

줄을 넘을 때 손잡이가 몸에서 멀리 떨어진 경우 손잡이가 몸에 가깝게 되도록 연습하면 줄넘기 실력이 늘어난답니다.	손잡이 사이의 거리가 지나치게 가까운 경우에는 손잡이 사이의 거리가 좀 더 벌어질 수 있도록 연습해주면 좋아요.
줄을 돌릴 때 손잡이의 높이가 가슴 높이에 있는 경우에는 손잡이가 허리 높이에 오도록 노력해주세요.	줄을 돌릴 때 손잡이의 높이가 바지 주머니 아래인 경우에는 골반 근처까지 손잡이가 올라오도록 연습해주세요.

"선생님, 줄 길이가 적당한지 알 수 있는 다른 방법은 없나요?"

"네, 줄이 머리 위를 넘어갈 때 손바닥 길이 정도 간격이 있는지 확인해보는 방법이 있어요."

"이제 자신에게 알맞게 줄 길이를 조절할 수 있겠죠?"

"잠깐만!"

줄넘기 시작하기 전에 이것만은 알고 해요!

1) 일반 줄넘기의 경우 손잡이 부분이, 구슬 줄넘기일 경우 구슬 부분과 손잡이 부분이 둥근 모양이기 때문에 바닥에 놓여 있을 때 여러분들이 밟으면 미끄러져 안전사고 우려가 있으므로 주의해야 해요. 그래서 줄을 넘지 않을 때에는 지면보다 높은 곳에 손잡이를 올려놓고 줄을 가지런히 모으면 손잡이의 무게 덕분에 줄이 아래로 떨어지지 않고, 학생들이 줄을 밟아서 미끄러지는 일도 예방할 수 있어요.
2) 모래가 깔려 있는 운동장에서 줄넘기를 할 경우, 줄을 넘을 때 모래가 튀어 올라와 눈이나 기타 신체 부위를 다칠 수 있으므로 주의해야 해요.
3) 신발은 무릎과 발목의 충격을 줄여주기 위해 반드시 바닥의 쿠션이 좋은 것으로 신어야 해요.

| 줄을 넘지 않을 때 줄 보관법이에요. | 줄넘기에 적합한 운동화예요. |

4) 줄을 넘을 때에는 앞, 옆 사람과 충분히 거리를 두도록 해요. 양팔간격 좌우로 나란히 간격 이상으로 거리를 두면 좋아요. 그리고 앞사람과 일자로 줄을 맞춰서 서지 않고 앞사람들 사이에 맞춰 서면 여럿이서 줄을 넘을 때 앞사람 줄에 본인 줄이 걸리지 않고 줄넘기를 즐겁게 할 수 있어요.

앞사람과 줄을 맞춰 서면 앞뒤 사람의 줄이 서로 부딪힐 수 있어요.	앞사람들 사이에 맞춰 서면 앞뒤 사람의 줄이 서로 부딪히지 않아요.

5) 줄넘기를 넘지 않을 때에는 가방줄 모양으로 줄을 허리에 매고 다니면 편리해요.
- 줄을 넘지 않을 때는 줄을 덜렁덜렁 가지고 있기보다는 줄을 반으로 접어 어깨로부터 반대쪽 허리 방향의 대각선으로 줄을 매고 두 줄 사이에 손잡이를 집어넣은 후 윗옷이나 바지에 주머니가 있는 경우, 주머니에 두 손잡이를 넣으면 깔끔하게 줄을 몸에 지닐 수 있어요.

가방줄 모양 줄 지니기(앞에서 본 모습)	가방줄 모양 줄 지니기(옆에서 본 모습)

<❸교시> - 줄넘기 한 개도 못 넘는 사람 모여라!

👨 "이제 줄 길이 조절까지 하였으니 줄을 한 바퀴 돌릴 때 점프를 한 번 하는 방법으로 줄을 넘어볼 거예요. 양발을 모아 줄을 넘는다고 해서 '양발모아뛰기'라고 할게요."

👧 "선생님, 저기요……."

👨 "쑥쑥아, 무슨 할 이야기가 있어요?"

👧 "선생님, 전 줄넘기를 한 개도 못 넘어요. 아무리 넘으려고 해도 안 되는데 어떻게 해야 하죠?"

👨 "줄넘기를 한 개도 못 넘어서 걱정이구나. 선생님이 알려주는 방법대로 차근차근 연습하면 쉽게 줄을 넘는 것을 성공할 수 있을 거예요.

* 양발모아뛰기가 잘 되지 않는 경우의 단계별 지도 방법(PVC(플라스틱의 한 종류) 재질의 줄로 연습하면 좋아요.)
- 1단계: 한 손에 줄넘기 손잡이를 모두 모아 잡고 줄 돌리는 연습을 해요.

1단계: 제자리에서 한 손에 손잡이를 모아 잡고 돌려 주세요.

[줄돌이 쌤 비법1] 이때, 팔꿈치는 몸쪽으로 최대한 가까이 붙이고 줄로 바닥을 세게 때리는 것이 아니라 스치듯이 돌려주어야 해요

[줄돌이 쌤 비법2] 줄을 자연스럽게 돌릴 수 있도록 양쪽을 번갈아 가며 충분히 연습해 주세요.

- 2단계: 한 손에 손잡이를 모아 잡고 점프하며 줄을 돌리는 연습을 해요.

2단계: 한 손에 손잡이를 모아 잡고 점프하며 줄을 돌려 주세요.

[줄돌이 쌤 비법] 10번은 제자리에서 줄을 돌리고, 10번은 점프하면서 줄을 돌리며 리듬감을 익혀 주세요.

- 3단계: 줄을 앞뒤로 보내며 줄 돌리는 연습을 해요.

3단계: 줄 앞뒤로 보내주세요.

[줄돌이 쌤 비법] 줄을 몸 앞쪽으로 던진다는 느낌으로 줄을 앞쪽으로 보내 주면 좋아요.

- 4단계: 앞에 넘어온 줄을 넘는 연습을 해요.

4단계: 앞에 넘어온 줄 넘는 연습을 해요.

[줄돌이 쌤 비법] 하나에 줄을 앞에 위치시키고, 둘에 개울을 건너가듯이 넘어요.

- 5단계: 줄을 앞에 위치시키고 넘는 것을 한 동작으로 연습해요.

5단계: 줄을 앞으로 보내고 넘는 동작을 한 동작에 해봐요.

[줄돌이 쌤 비법] 줄을 넘고 바로 줄을 몸 앞쪽으로 보내주세요.

- 6단계: 줄을 앞으로 보내고 넘은 후, 연결하여 다시 줄을 앞으로 보내고 넘어요.

6단계: 줄을 앞으로 넘고 바로 줄을 앞으로 보내는 연습을 해요.

- 7단계: 줄을 앞으로 보낸 후 줄을 멈추지 않고, 두 번 넘어요.

7단계: 줄을 앞으로 보낸 후 두 번 넘어요.

- 8단계: 줄을 연속으로 넘기 위하여 양손에 각각 줄 한 개씩을 손잡이를 모아 잡고 돌리며 점프해요.

8단계: 양손에 줄 잡고 돌리는 연습을 해요.

[줄돌이 쌤 비법1] 꼭 줄이 먼저 앞으로 온 후 점프를 해야 해요!

[줄돌이 쌤 비법2] 줄이 내 발보다 한 발 앞에서 바닥에 닿을 때 줄을 넘으면 돼요!

| 점프를 해야할 때 줄의 위치예요. (한발 앞) | 줄이 한 발 앞에서 바닥에 닿을 때 점프 하면 되요. |

[줄돌이 쌤 비법3] 1도약(줄이 한 바퀴 회전할 때 한 번 점프하는 방법)으로 넘지 못하고 2도약(줄이 한 바퀴 회전할 때 두 번 점프하는 방법)으로 넘는 경우 줄을 한 번 돌리고 빠르게 다시 한번 돌려주는 연습을 해주세요.

"선생님, 저는 줄넘기를 할 때 어떻게 점프를 해야 하는지 잘 모르겠어요."

"통통아, 선생님을 따라해 보세요."
- 첫 번째로 제자리 양발모아 2도약을 줄 없이 점프해 봐요.
- 두 번째로 제자리 양발모아 1도약을 줄 없이 점프해 봐요.
- 이번에는 선생님과 함께 손을 잡고 점프해 봐요.

줄 없이 점프하는 연습을 해봐요. | 선생님의 손을 잡고 연습해봐요.

"줄돌이 선생님, 저는 줄 돌리는 게 잘 안 되는데 어떻게 해야 하죠?"

"앞멈춤 후 앞으로 나가며 연결하는 연습을 해봐요!"

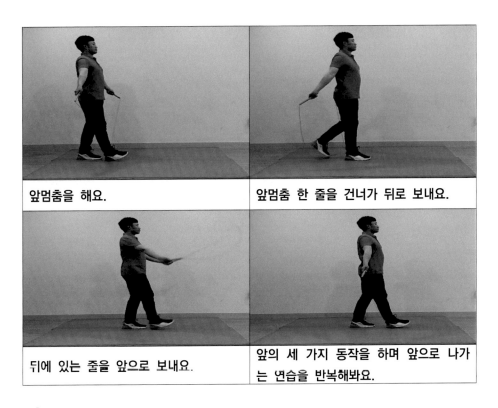

앞멈춤을 해요.	앞멈춤 한 줄을 건너가 뒤로 보내요.
뒤에 있는 줄을 앞으로 보내요.	앞의 세 가지 동작을 하며 앞으로 나가는 연습을 반복해봐요.

"선생님 설명대로 연습하니 이제 줄을 넘을 수 있게 되었어요! 정말 신기해요."

"선생님! 저는 아직도 줄이 잘 돌아가지 않아요. 도와주세요!"

"쑥쑥이가 오른쪽 손잡이를 잡고 선생님이 왼쪽 손잡이를 잡아 줄을 돌리며 점프해 볼게요. 이번에는 쑥쑥이가 왼쪽 손잡이를, 선생님이 오른쪽 손잡이를 잡고 줄을 돌리며 점프해 볼게요."

"그래도 줄이 잘 넘어가지 않으면 줄 길이를 늘리거나 줄이 길고 무게가 나가는 짝줄넘기 줄을 이용해 줄을 넘어봐요. 잘 넘어갈 거예요."

| 한쪽은 선생님이, 다른 쪽은 여러분이 잡고 연습해봐요. | 줄이 잘 돌아가지 않을 때는 짝줄을 이용하여 줄을 넘어보세요. 더욱 잘 넘어 갈거에요. |

[줄돌이 쌤 비법1] 다른 사람들과 비교하며 경쟁하기보다는 매 활동 시간마다 자신의 줄 넘는 자세를 확인하고 자세가 나아지는 모습을 확인하는 것이 바람직해요.

[줄돌이 쌤 비법2] 무작정 개수만 많이 넘으려 하는 것보다 바른 자세로 줄을 넘는 것이 더 중요해요. 왜냐하면 올바르지 않은 자세로 줄을 오래 넘으면 몸에 무리가 가고 다칠 수 있기 때문이에요.

[줄돌이 쌤 비법3] 매일 양발모아뛰기를 다른 운동 하기 전에 꾸준히 하면 실력 향상에 크게 도움이 되요. 10번 넘고 앞멈춤 하고 휴식, 20번 넘고 앞멈춤 하고 휴식, 30번 넘고... 이런 방식으로 100번까지 넘는 방법으로 운동을 해보세요!

"이제 1회선 1도약 양발모아뛰기를 본격적으로 해볼거에요."
"이 방법은 우리가 일반적으로 줄을 넘는 방법이에요. 줄이 1번 돌아갈 때 1번 점프하여 줄을 넘는 방법이지요."

"지금부터 줄넘기 손잡이 잡는 법에 대해 알아볼게요."

"줄넘기는 손잡이의 길이가 긴 것도 있고 약간 짧은 것도 있어요."

1) 일반적인 손잡이는 엄지, 검지, 중지 3개의 손가락을 위주로 하여 손잡이의 뒷부분을 가볍게 잡아요. 그리고 엄지손가락을 펴서 손잡이를 지그시 눌러 주세요.

손가락 전체로 잡거나 손잡이 앞쪽을 잡으면 손목이 움직이기 어려울 뿐만 아니라 점프도 높이 뛰어야만 줄을 넘을 수 있게 돼요.

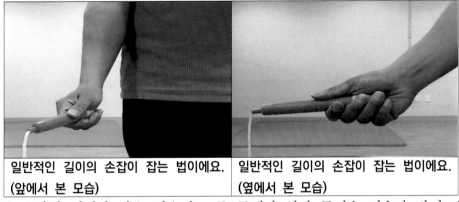

일반적인 길이의 손잡이 잡는 법이에요. (앞에서 본 모습)

일반적인 길이의 손잡이 잡는 법이에요. (옆에서 본 모습)

2) 손잡이 길이가 짧은 경우에는 줄 무게가 살짝 무거운 경우가 많기 때문에 손잡이 앞쪽 부분을 잡아 주면 줄을 안정적으로 넘을 수 있어요.

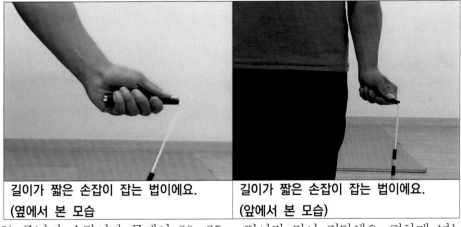

길이가 짧은 손잡이 잡는 법이에요. (옆에서 본 모습

길이가 짧은 손잡이 잡는 법이에요. (앞에서 본 모습)

3) 줄넘기 손잡이가 몸에서 20~25㎝ 떨어진 것이 적당해요. 편하게 넘는 경우에는 일반적으로 손잡이의 뒷부분을 잡고 줄을 돌리면 돼요.

4) 손바닥이 지나치게 앞을 보지 않도록 해야 해요. 손목을 편안하게 살짝 틀어 주어 줄을 돌려주세요.

5) 손목을 지나치게 몸쪽으로 붙이려는 생각에 손목이 너무 많이 꺾어지지 않도록 해야 해요.

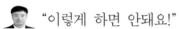 "이렇게 하면 안돼요!"

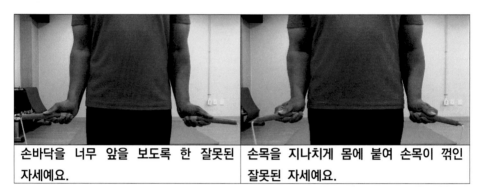

손바닥을 너무 앞을 보도록 한 잘못된 자세예요.	손목을 지나치게 몸에 붙여 손목이 꺾인 잘못된 자세예요.

6) 손잡이의 위치에 대해 알아볼까요?

- 손잡이를 잡고 몸에 힘을 빼고 편안하게 섰을 때 손의 위치는 약간 앞으로 나오게 돼요. 이 위치가 바로 손잡이를 편안하게 잡고 줄을 돌릴 수 있는 위치예요.

- 손잡이가 몸의 살짝 앞에 있어야 엇걸었다 풀어뛰기 등을 할 때 손이 움직이는 거리를 최대한 줄일 수 있어서 다양한 줄넘기 기술 동작을 하는 데 유리해요.

- 손잡이를 허벅지에 최대한 가까이 한다는 느낌으로 잡아 줘야 해요.

바른 손잡이의 위치예요.(앞에서 본 모습)	바른 손잡이의 위치예요.(옆에서 본 모습)

"다음은 손과 팔의 자세예요."

"손을 최대한 허벅지와 가깝게 하고 팔은 편안한 자세를 유지해요."

"이번에는 뛰는 자세에 대해 알아볼게요. 다 함께 1회선 1도약 양발모아뛰기로 10번씩 뛰어보세요. 시작!"

"이제 다들 줄을 넘을 수 있게 되었네요!"

그런데.

"쌩쌩이는 두 발의 모양이 다르게 줄을 넘고 있네요."

"쑥쑥이는 줄을 넘을 때마다 점점 뒤쪽으로 가고 있어요."

"통통이는 점프하고 내려올 때 발전체를 바닥에 딛고 있군요."

"모두 점프를 아주 높게 하고 있네요."

"선생님이 바르게 뛰는 자세를 알려 줄게요."

1) "쌩쌩이 는 양발을 모아 동시에 뛰어야 해요. 안 그러면 발을 헛디뎌 부상을 당할 수 있어요."

2) "쑥쑥이 는 조깅하듯이 몸을 살짝 기울인 자세로 줄을 넘어야 해요. 왜냐하면 몸을 꼿꼿이 세우고 줄을 넘으면 무게중심이 점점 뒤로 쏠려 몸이 뒤로 이동하게 되요. 그러면 같은 자리에서 안정적으로 줄을 넘을 수 없겠죠?"

3) "통통이 는 뛸 때 충격을 줄이기 위해 발뒤꿈치를 들고 무릎과 발목이 충격을 흡수해 줄 수 있도록 가볍게 뛰어야 해요."

4) "구슬 줄의 구슬 두께가 1㎝도 되지 않고, PVC 재질의 줄 같은 경우에는 그보다도 더 줄의 두께가 얇으므로 점프할 때 줄이 발밑으로 통과할 정도인 2~5㎝ 높이로만 가볍게 점프하면 돼요."

5) "시선은 편안하게 앞을 바라보세요."

6) "발로 땅을 쿵쿵 찍는다는 느낌보다는 위로 밀어 올린다는 느낌으로 점프를 하면 좋아요."

"이번에는 줄 돌리는 방법에 대해 자세히 알아볼게요."

1) 줄을 돌릴 때에는 팔꿈치 아래 부분, 즉 손목 위주로 돌려야 해요.

2) 하지만 손목을 너무 과도하게 쓰지 않도록 해야 해요. 손목이 원 모양을 그리며 돌아간다고 했을 때 아래쪽 반원 부분만 손목을 돌려 줄을 돌려주고 위쪽 반원 부분은 줄이 돌아가는 힘, 팔과 팔꿈치에 약간 힘을 주어 돌려야 해요. 즉, 줄이 아래로 내려갈 때만 손목을 이용해 줄을 돌려주고 나머지는 줄이 넘어오는 힘과 팔의 힘을 적절히 사용해야 한답니다.

손목을 이용하여 줄을 돌리는 모습이에요.	원을 반으로 잘랐을 때 아래쪽 원 부분만 손목의 힘을 써 줘야 해요.

3) 줄을 돌릴 때 줄을 땅에 내리치기보다는 바닥을 살짝 쓸어내듯이 줄을 넘어야 해요. 왜냐하면 줄을 바닥에 치면 줄이 튀어 올라와 발에 걸릴 확률이 높아지기 때문이에요.

"이번에는 다리 자세에 대해 알아볼게요."

1) 점프할 때 무릎을 뒤로 구부리거나 발을 앞으로 내밀지 않도록 해야 해요.

2) 힘을 주어 줄을 넘기게 되면 배에 있는 근육에 힘이 들어가요. 따라서 몸이 구부려져 앞으로 기울어지고 발을 앞으로 내민 자세가 되기 쉬워요. 그렇기 때문에 줄을 돌릴 때 너무 힘을 주지 않도록 해야 해요.

"줄넘기 스쿨 친구들, 혹시 이런 자세로 줄을 넘고 있지 않은지 확인해보세요!"

팔을 지나치게 벌리고 넘는 경우(X)	무릎을 접는 경우(X)
허리를 숙이는 경우(X)	무릎을 접으며 허리를 숙이는 경우(X)
팔 전체로 줄을 돌리는 경우(X)	양발을 짝발로 넘는 경우(X)

<❹교시> - 1회선 2도약 양발모아뛰기

![사진] "이번 시간에는 1회선 2도약 양발모아뛰기를 해볼 거예요."
"줄이 한 번 넘어갈 때 두 번 점프하여 줄을 넘는 방법이에요."

![사진] "1회선 1도약 양발모아뛰기로 줄 넘는 방법과는 차이점이 있어요."
1) 1회선 1도약은 손잡이의 위치가 허벅지 근처였기 때문에 팔꿈치가 많이 구부러지지 않았어요. 그러나 1회선 2도약은 팔꿈치를 구부려서 줄이 내 머리 위에 있게 해야하므로 손잡이의 위치가 달라요.

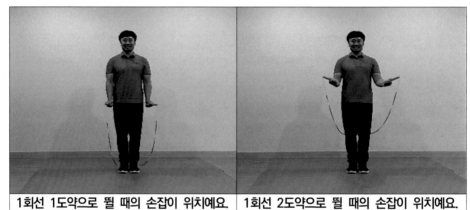

| 1회선 1도약으로 뛸 때의 손잡이 위치예요. | 1회선 2도약으로 뛸 때의 손잡이 위치예요. |

2) 팔 동작을 크게 하는데, 그렇다고 해서 팔꿈치를 몸에서 떨어뜨려도 된다는 의미는 아니에요. 줄이 눈 앞을 지나갈 때 팔꿈치는 겨드랑이에 붙이고 동작을 해줘야 해요.

![사진] "선생님! 1회선 2도약으로 뛰는 것이 어떻게 뛰라는 의미인지 잘 이해가 안되요!"
[줄돌이 쌤 비법1] 1회선 2도약이 잘 이해가 되지 않나요? 그렇다면 바닥에 줄을 알맞은 간격으로 2~3개 평행이 되게 깔아 놓아보세요. 양발을 모아 점프하여 개울을 건너가듯이 줄을 건너가는데 건너가면서 1번 점프,

건너가서 1번 점프하면 총 2번 점프하게 되죠? 이것을 제자리에서 점프하면 1회선 2도약으로 점프하는 것이 돼요.

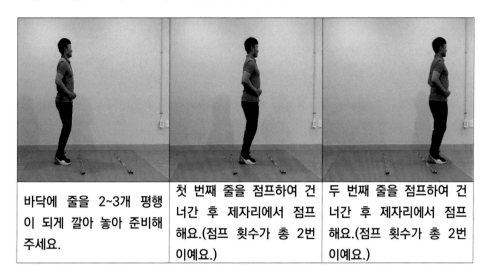

바닥에 줄을 2~3개 평행이 되게 깔아 놓아 준비해 주세요.	첫 번째 줄을 점프하여 건너간 후 제자리에서 점프해요.(점프 횟수가 총 2번이예요.)	두 번째 줄을 점프하여 건너간 후 제자리에서 점프해요.(점프 횟수가 총 2번이예요.)

2) 박자를 세면서 줄을 넘는 경우, 홀수 박에는 줄이 발 아래로 넘어가고 짝수 박에는 줄이 머리 위에 있는 것을 알 수 있어요.

"산토끼 노래를 부르며 1회선 2도약과 1회선 1도약으로 줄을 넘어볼까요?"

파트	박자	줄넘기 동작
전주	16	리듬을 타며 준비하기
1절	8	1회선 2도약 4번 넘기
	8	1회선 1도약 8번 넘기
	8	1회선 2도약 4번 넘기
	8	1회선 1도약 8번 넘기
간주	16	리듬을 타며 준비하기
2절	8	1회선 2도약 2번 넘기 1회선 1도약 4번 넘기
	8	1회선 2도약 2번 넘기 1회선 1도약 4번 넘기
	8	1회선 2도약 2번 넘기 1회선 1도약 4번 넘기
	8	1회선 2도약 2번 넘기 1회선 1도약 4번 넘기
후주	16	리듬을 타며 마무리하기

산토끼

창작: 주종민

 "쌩쌩이는 줄을 넘을 때 팔이 허벅지에서 많이 떨어져 있네요."

"선생님을 보세요."

"선생님이 줄을 몸 앞에 놓고 손잡이를 허벅지에 가깝게 놓은 상태로부터 점점 허벅지에서 손잡이가 멀어지게 하면 어떻게 되죠?"

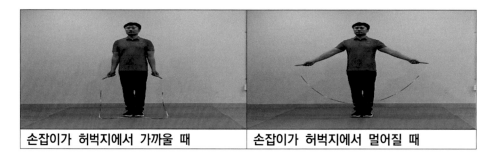

손잡이가 허벅지에서 가까울 때   손잡이가 허벅지에서 멀어질 때

"줄이 점점 줄이 위로 올라가요."

"네, 맞아요, 손잡이가 허벅지로부터 멀어지게 되면 줄이 위로 올라가서 그만큼 점프를 더 높게 뛰어야 줄을 넘을 수가 있게 돼요. 점프를 낮고 가볍게 하기 위해서는 손잡이를 허벅지에 가깝게 가져가야 해요."

☺ <쉬는 시간>- 줄 멈춤, 멋진 마무리를 위해!

 "여러분, 줄을 다 넘고 나서 마무리를 흐지부지 하게 되면 보기에도 좋지 않죠? 줄을 넘다가 멋지게 마무리하는 방법으로 '줄 멈춤'을 알려줄게요."

1) 가장 먼저 알아볼 줄 멈춤은 '앞멈춤' 이에요.
- 한 발을 앞으로 내밀고 발뒤꿈치를 땅에 댄 후, 줄을 발아래에 걸어 줄을 멈추는 방법이에요. 이때, 발을 너무 위로 들면 줄이 발바닥을 타고 미끄러져 위로 튕겨 올라오므로 발을 많이 들지 않도록 해야 해요.

앞멈춤

"아야!"

"선생님. 쑥쑥이가 통통이가 돌리는 줄에 맞았어요."

"쑥쑥아, 어디 다친 데는 없니?"

"선생님, 전 그냥 줄에 걸려서 다시 줄을 넘으려고 줄을 들어 뒤로 보낸 것뿐인데 앞에 있던 쑥쑥이가 제 줄에 맞아 다쳤어요."
"쑥쑥아, 정말 미안해."

"여럿이서 어울려 줄넘기를 넘다가 줄에 걸렸을 때는 줄을 들어 올려 뒤로 보내면 이렇게 친구가 다칠 수 있어요."
"줄에 걸리면 자신의 앞에 있는 줄을 건너가면 줄이 뒤에 오게 되지요? 이렇게 해서 줄을 넘을 준비 자세를 하면 근처에 있는 친구들이 다칠 위험이 없어요."

"다음으로 알아볼 줄 멈춤은 '뒷멈춤'이에요."
"한 발을 뒤로 내밀고 발앞꿈치를 땅에 댄 후, 발뒤꿈치를 들어 앞에서 뒤로 넘어오는 줄을 발아래에 걸어 줄을 멈추는 방법이에요."

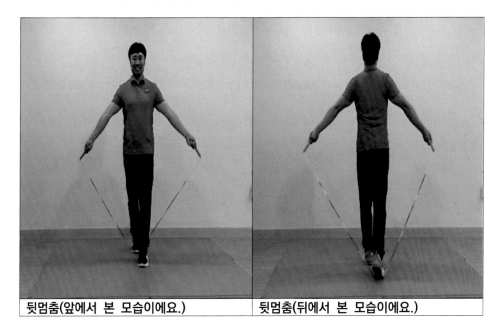

뒷멈춤(앞에서 본 모습이에요.) 뒷멈춤(뒤에서 본 모습이에요.)

4) 이런 줄 멈춤도 있어요!

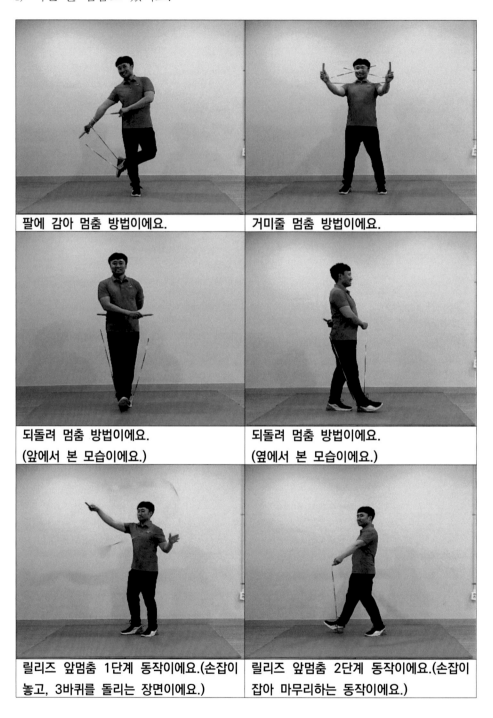

팔에 감아 멈춤 방법이에요.	거미줄 멈춤 방법이에요.
되돌려 멈춤 방법이에요. (앞에서 본 모습이에요.)	되돌려 멈춤 방법이에요. (옆에서 본 모습이에요.)
릴리즈 앞멈춤 1단계 동작이에요.(손잡이 놓고, 3바퀴를 돌리는 장면이에요.)	릴리즈 앞멈춤 2단계 동작이에요.(손잡이 잡아 마무리하는 동작이에요.)

"여러 가지 줄 멈춤 방법 중에서 배우고 싶은 방법이 있나요?"

"선생님! 거미줄 멈춤 방법이 신기한데요, 어떻게 하는지 알려 주세요!"

"네, 거미줄 멈춤은 여러분들에게 인기가 많은 줄 멈춤 방법 중 하나에요. 선생님이 한 동작씩 해볼 테니 따라해 보세요!"

줄을 몸 앞에 놓아요.	오른손이 앞으로 오게 두 손을 'X' 모양으로 교차해요.
왼쪽 손잡이를 아래로 끌어 내려요.	왼쪽 손잡이를 줄 안의 공간에 넣어요.
왼쪽 손잡이를 왼쪽으로 팽팽히 당겨 줘요	왼쪽과 오른쪽 손잡이의 위치가 균형이 맞게 자세를 정돈해주면 끝!

☆ 놀이터

사다리 타기로 복습해요! 줄넘기 1개 성공하는 방법!

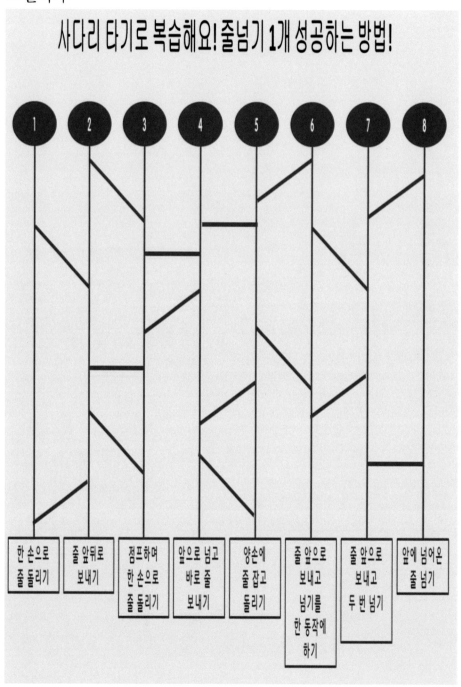

- 제2장 -
화요일! 멋있는 줄넘기 기술에 도전해보자!

'쌩쌩', '쌩쌩'

"쌩쌩아, 이중 뛰기 연습하는구나! 어디 한 번 볼까요?"

"네, 선생님, 제가 해볼테니 보세요."

"어? 이상하다. 좀 전까지는 잘 되었었는데요, 선생님이 보자마자 잘 안되네요. 헤헤."

"쌩쌩아, 열심히 연습하면 언젠간 잘 될거야."
"통통이는 엇걸었다 풀어뛰기를 연습하는데 마음만큼 잘 안되나보구나."

"선생님! 이중 뛰기를 쉽게 성공하는 방법이 있나요?"

"선생님! 엇걸었다 풀어 뛰기를 잘하려면 어떻게 하면 되나요?"

"저는 여러 가지 다양한 줄넘기 기술을 배우고 싶어요!"

"좋아요, 이번 시간에는 이중 뛰기, 엇걸었다 풀어뛰기, 다양한 줄넘기 기술 등을 하는 방법에 대해 자세히 알려줄게요."

<❶교시>-1.5중 뛰기

 "여러분, 2중 뛰기를 잘하고 싶죠? 선생님이 단계별 연습 방법을 알려줄게요. 줄넘기 기술은 단계적으로 익히면 더 쉽게 기술을 성공시킬 수 있어요."
"우리가 1회선 1도약으로 양발모아뛰기를 하는 게 1중 뛰기, 그리고 그 다음 단계는 뭘까요?"

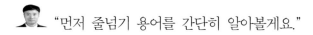 "선생님, 그야 당연히 2중 뛰기 아닌가요?"

 "쌩쌩이처럼 많은 사람들이 그렇게 알고 있는데 1중 뛰기와 2중 뛰기 사이에는 1.5중 뛰기라는 기술이 있어요."
"1.5중 뛰기를 연습하면 2중 뛰기를 하는데 도움이 많이 되고 2중 뛰기보다 쉬운 기술이지만 화려한 기술이기도 해요. 다 함께 배워볼까요?"

 "먼저 줄넘기 용어를 간단히 알아볼게요."
- S: 'Side' 또는 'Swing'의 약자로 줄넘기를 한쪽 옆으로 떨치는 동작을 의미해요.
- O: 'Open'의 약자로 일반적으로 줄 넘는 방법을 의미해요.
- C: 'Cross'의 약자로 엇걸어 뛰기를 의미해요.

| Side-옆 떨치기 | Open-일반적으로 넘기 | Cross-엇걸어 뛰기 |

"1.5중 뛰기에는 2가지 종류가 있는데요, 첫 번째는 'SO(옆떨쳐 뛰기)'라는 동작이에요. 왼쪽부터 옆떨쳐 넘는 경우에는 오른손의 위치가 반드시 왼쪽 손목 위쪽으로 가야 해요. 그러지 않으면 줄이 꼬여서 걸리게 되요."

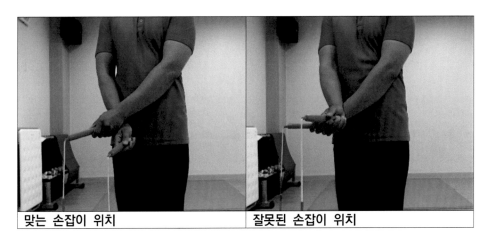

| 맞는 손잡이 위치 | 잘못된 손잡이 위치 |

"그럼 다 함께 SO(옆떨쳐 뛰기) 연습을 해봐요!"

1) 1단계: 점프 없이 왼쪽부터 손잡이 동작만 갔다가 오는 연습을 해봐요.
2) 2단계: 점프하며 왼쪽부터 손잡이 동작만 갔다가 오는 연습을 해봐요.
3) 3단계: 옆떨칠 때는 점프하지 않고 양발모아뛰기 할 때만 점프해봐요.
4) 4단계: 옆떨칠 때와 양발모아뛰기 할 때 모두 점프해 볼까요?

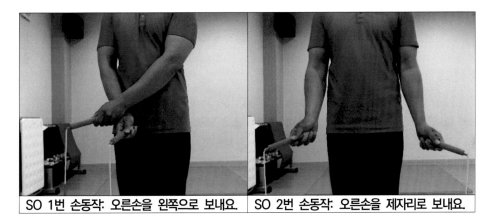

| SO 1번 손동작: 오른손을 왼쪽으로 보내요 | SO 2번 손동작: 오른손을 제자리로 보내요 |

"그 다음으로 배울 1.5중 기술은 옆떨쳐 엇걸어뛰기에요."

1) SO와 다르게 손잡이의 높이가 일직선이 되게 바깥의 손이 옆으로 나갔다가 엇걸어 줘야해요.

2) 안쪽에 있는 손도 손목을 잘 돌려줘야 해요.

3) 양쪽 손잡이의 높이가 같아야 해요.

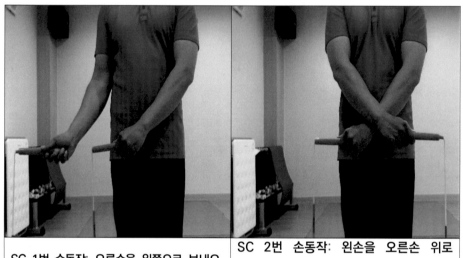

| SC 1번 손동작: 오른손을 왼쪽으로 보내요. | SC 2번 손동작: 왼손을 오른손 위로 엇걸어 줘요. |

<❷교시> - 이중 뛰기

"여러분, 1.5중 뛰기 기술을 잘 익혀보았나요?"
"드디어 기다리고 기다리던 이중 뛰기 배우는 시간이 돌아왔습니다!"

'짝짝짝!'

"전 이중 뛰기를 배우러 줄넘기 스쿨에 들어왔는데 드디어 배우네요."

"선생님! 이중 뛰기 기술은 어려운 기술이죠?"

"통통이가 생각하는 것처럼 흔히 이중 뛰기를 어려운 기술이라고 생각하는데요, 실제로는 그렇지 않아요. 다양한 줄넘기 기술들을 이용하여 창작 동작을 하는 '프리스타일' 줄넘기 대회가 있어요. 그 대회에서는 다양한 수준의 기술들이 등장하는데 이중 뛰기는 1회선 1도약 양발모아뛰기와 함께 레벨1로 쉬운 기술에 속해요."

"선생님, 이중 뛰기는 쉬운 기술인데 왜 우리가 하려면 어려운 걸까요?"

"첫 번째로는 1교시에도 말했듯이 그건 사람들이 단계별로 차근차근 연습을 하지 않기 때문이에요. 1중 뛰기를 익히고 바로 2중 뛰기를 시도하기 때문이죠".
"두 번째 이유는 바로 언제 점프하고, 언제 줄을 두 번 돌리는지 '타이밍'을 잘 모르기 때문이에요."

"지금부터 선생님과 이중 뛰기를 성공하기 위한 단계별, 타이밍 연습 방법을 알아보도록 해요."

 "첫 번째 방법이에요."

- 1단계: 제자리에서 점프를 가볍게 뛰어요.

1단계: 제자리 점프를 가볍게 해봐요.

- 2단계: 제자리에서 박수를 쳐 봐요. 하나, 둘, 셋, 넷, 이중 박자(박수 빠르게 두 번)에 박수를 쳐 봐요.

2단계: 제자리에서 박수를 쳐 봐요.

- 3단계: 하나, 둘, 셋, 넷, 점프하면서 양손으로 허벅지 2번 두드리기를 하는데 일정한 음악에 맞추어 연습하면 더욱 효과가 좋아요.

3단계: 점프하며 허벅지를 두드려봐요.

- 4단계: 하나, 둘, 셋, 넷, 점프하면서 가슴 높이에서 박수를 2번 치는 연습을 해 봐요.

4단계: 가슴 높이에서 박수를 쳐 봐요.

- 5단계: 하나, 둘, 셋, 넷 점프하면서 머리 위에서 박수를 2번 치는 연습을 해 봐요.

5단계: 머리 위에서 박수를 쳐 봐요.

- 6단계: 하나, 둘, 셋, 넷, 줄 없이 양손으로 이중 뛰기 박자로 줄 돌리는 연습을 해요.

6단계: 줄 없이 양손으로 이중 뛰기 하듯이 줄 돌리는 연습을 해요.

- 7단계: 줄넘기 손잡이를 왼손에 모아 잡고 돌리며 하나, 둘, 셋, 넷, 이중 뛰기 박자로 줄 돌리는 연습을 해요.(왼손 연습 후 오른손 연습도 해요.)

7단계: 왼손(오른손)에 손잡이를 모아 잡고 줄 돌리기 연습을 해요.

- 8단계: 한 손에 줄 잡고 점프하면서 이중 뛰기 박자로 줄 돌리기는 연습을 해요.(왼손 연습 후 오른손 연습도 해요.)

8단계: 왼손(오른손)에 손잡이 모아 잡고 점프하며 줄 돌리기 연습을 해요.

- 9단계: 줄넘기 2개를 양손에 잡고 줄 돌리기 연습 후 이중 뛰기 박자로 줄 돌리는 연습을 해요.

9단계: 줄 2개를 양손에 잡고 점프하며 줄 돌리기 연습을 해요.

- 10단계: 양발모아뛰기로 4번 넘고 이중 뛰기 1번하고 양발모아뛰기로 4번 넘고 이중 뛰기를 해요.

10단계: 양발모아뛰기 4번 넘고 이중 뛰기를 해봐요.

"이번에는 이중 뛰기를 연습하는 두 번째 방법을 알려줄게요. 앞에서 '타이밍'이 중요하다고 했죠? 언제 줄을 돌리는지 그 타이밍을 알려줄게요."

"여러분 이중 뛰기를 한다고 생각하고 한번 점프해 볼까요?"

"이중 뛰기의 점프 동작은 크게 세 부분으로 나누어 볼 수 있어요. A 타이밍은 지면에서 위로 올라가는 순간, B 타이밍은 최고 높이에 도착하였을 때, C 타이밍은 지면으로 내려오는 순간으로 나누어 생각해 볼 수 있어요."

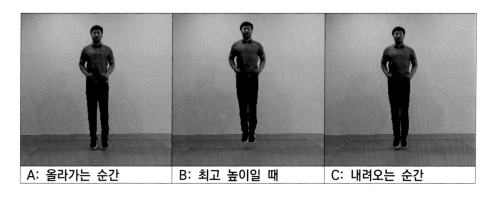

| A: 올라가는 순간 | B: 최고 높이일 때 | C: 내려오는 순간 |

"선생님 그러면 줄은 언제 돌려야 하죠?"

👤 "이중 뛰기를 하기 위하여 줄을 돌리는 타이밍은 A와 C예요. 이 순간 줄을 두 번 돌려주면 이중 뛰기를 성공할 수 있어요."

👤 "이제 이 타이밍을 이용한 단계별 연습 방법을 알려줄게요."

- 1단계: A 타이밍, 즉 지면에서 위로 올라가는 순간 점프하는 타이밍을 익히기 위해 줄을 뒤에서 앞으로 돌려 줄이 발끝에 닿기 바로 직전에 점프하는 연습을 해요.

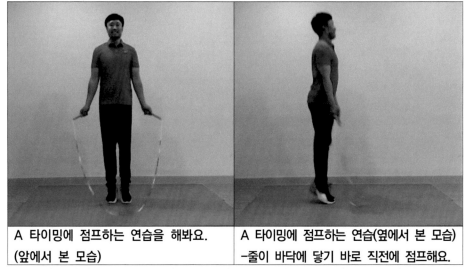

| A 타이밍에 점프하는 연습을 해봐요. (앞에서 본 모습) | A 타이밍에 점프하는 연습(옆에서 본 모습) −줄이 바닥에 닿기 바로 직전에 점프해요. |

- 2단계: 양발모아뛰기 1회선 1도약으로 3번 넘고 난 후, 1단계 동작을 추가해서 하는 연습을 한다.
- 3단계: 줄을 첫 번째와 세 번째 타이밍에 2번 이중 뛰기 넘는 박자로 줄을 돌리는 연습을 해요.

[줄돌이 쌤 비법 1] 줄을 넘는 자세는 최대한 1회선 1도약 양발모아뛰기의 자세와 비슷하게 유지한다. 이중 뛰기를 할 때 몸이 굽어지거나 발이 새우 꼬리처럼 앞으로 나가는 경우가 있는데 이것은 줄을 빨리 돌리기 위해 몸에 힘을 주면 배에 힘이 들어가 몸이 앞으로 굽어지기 때문에 나타나는 현상이에요.

[줄돌이 쌤 비법 2] 줄을 A, B 타이밍에 돌리는 것보다 A, C 타이밍에 돌리면 이중 뛰기 기술을 할 때 두 번째 줄 넘는 동작을 더욱 여유 있게 할 수 있으니 참고하세요.

- 4단계: A 타이밍은 고정되어 있으므로 이중 뛰기 할 때 2번째 점프인 C 타이밍을 좀 더 빠르게 앞으로 당기는 연습을 해야해요.

[줄돌이 쌤 비법] 줄이 넘어가지 않고 앞에서 멈추는 학생들은 손을 뒤로 빼 주도록 노력해서 일단 1개를 성공시키도록 해야해요. 그러면 2개도 금방 성공할 수 있어요.

"우와! 성공이다!"

"우왕, 선생님! 저만 성공하지 못했어요."

"쌩쌩아, 이중 뛰기를 할 생각을 처음부터 하지 말고 하나, 둘, 셋, 넷, 다음에 무릎을 용수철 접는 느낌으로 구부렸다가 쭉 펴 주면서 팔을 빠르게 돌린다는 느낌으로 줄을 돌려보자."

| 이중 뛰기 전 무릎을 용수철 접는 느낌으로 구부린다. | 무릎을 펴며 점프하며 줄을 넘는다. |

👤 "이중 뛰기를 집중적으로 연습하지 않아도 줄을 많이 돌려 봄에 따라 줄이 돌아가는 타이밍을 익히고 손목의 힘이 길러져서 자연스럽게 성공하는 경우도 있으니 조금만 더 연습해 보자!"

👤 "허리를 접어 다리를 앞으로 내지 말고, 점프를 높게 하기 위하여 무릎을 살짝만 뒤로 접어 주면 발끝이 지면을 향하여 이중 뛰기로 줄을 넘기가 수월해지기도 하지."

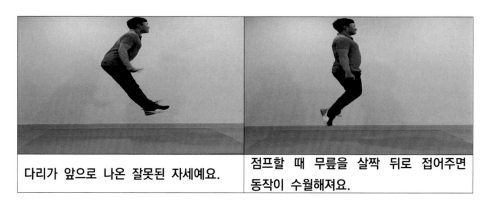

| 다리가 앞으로 나온 잘못된 자세예요. | 점프할 때 무릎을 살짝 뒤로 접어주면 동작이 수월해져요. |

👤 "연습 중에 이중 뛰기를 1개 처음으로 성공한 친구들은 개수를 늘리는 연습을 해봐요. 그리고 줄 돌리는 타이밍 연습을 집중적으로 하면 이중 뛰기 기술을 이용한 다양한 기술을 성공할 수 있어요. 참고로 한 번 볼까요?"

| TJ 이중뛰기 1번 동작(2번 동작은 풀어 뛰는 동작이에요.) | AS 이중뛰기 1번 동작(2번 동작은 풀어 뛰는 동작이에요,) |

<❸교시> - 엇걸어뛰기

"이번 시간에는 이중 뛰기와 함께 인기가 많은 기술인 엇걸어뛰기를 배워볼게요."

"엇걸어뛰기도 단계별로 연습하면 쉽게 성공할 수 있어요."

1) 1단계

- 한 손에 줄을 잡은 상태로 팔을 엇걸고, 줄을 잡지 않은 손은 손바닥이 아래를 보게 하며 줄넘기 끝이 지면과 수평이 되게 하고 엇건 두 팔은 최대한 쭉 펴줘요.

이때, 줄 돌리는 방향이 뒤로 넘기 방향과 같으므로 뒤로 줄 돌리기가 익숙해지도록 하는 연습이 필요해요.

1단계: 한 손 줄 돌리기 연습을 해요.(왼손)

2) 2단계

-팔을 엇걸어 줄을 뒤에서 몸 앞으로 보내 줄을 양발에 걸어 멈추는 연습을 해요.
-만약, 한발에만 줄이 걸린다거나 줄이 양발 모두에 걸리지 않으면 실제로 줄이 걸리거나 넘지 못한다는 것을 의미해요. 인내심을 가지고 줄을 거는 연습을 충분히 해주세요.

2단계: 줄을 양발에 걸어 멈추는 연습

3) 3단계

- 오른손으로 1단계를 연습해요.

- 이때에도 두 손의 높이가 같게 한다.

3단계: 한 손 줄 돌리기 연습을 해요.(오른손)

4) 4단계

- 줄 돌리며 점프하기 연습을 한다.

- 줄이 바닥에 닿는 소리가 나는 것과 거의 동시에 점프한다.

4단계: 줄 돌리며 점프를 해봐요.(왼손)

5) 5단계

- 반대 손으로 3단계 연습을 한다.

4단계: 줄 돌리며 점프를 해봐요.(오른손)

6) 6단계

- 몸 앞에 팔을 엇걸고 줄을 뒤로 보내는 동작을 반복해서 연습해요.

- 이때 엇거는 두 손의 높이가 같게 해줘야 해요.

6단계: 점프하며 줄 돌리기 연습을 해요.

7) 7단계

- 줄을 몸 앞에 엇걸고 엇걸어진 줄 사이로 점프하여 줄을 넘는 연습을 해요.

7단계: 엇건 줄 사이로 점프하는 연습을 해요.

8) 8단계

- 줄을 한 번 엇걸어 넘고 줄이 다시 앞으로 돌아오게 해요.

8단계: 줄을 한 번 엇걸어 넘고 다시 한 번 이어서 엇걸어 넘는 연습을 해요.

9) 9단계

- 줄에 걸릴 때까지 넘고, 걸려도 멈추지 않고 엇거는 손동작을 목표한 수만큼 해 줘요.
- 줄 돌리기와 점프를 함께하면 점프에 신경을 쓰느라 손이 멈추는 현상이 나타나므로 손 연습만 따로 해 주는 것도 실력 향상에 큰 도움이 돼요!

<❹교시> - 엇걸었다풀어뛰기

"통통이는 엇걸어뛰기를 능숙하게 잘 하는구나."

"선생님께서 가르쳐 단계별 동작을 여러 번 연습했더니 동작이 잘 되게 되었어요."

"여러분, 이번 시간에는 엇걸어서 넘다가 다시 원래대로 풀어서 넘는 '엇걸었다 풀어뛰기' 기술을 배워볼게요."

1) 단계별로 배워보도록 해요.
- 1단계: 몸 앞에서 줄을 엇걸고 줄을 다시 뒤로 보내는 연습을 해요.

1단계: 몸 앞에서 줄을 엇걸고 줄을 다시 뒤로 보내요.
- 2단계: 엇건 줄을 한 번 넘는 연습을 해요.

2단계: 엇건 줄을 한 번 넘어요.
- 3단계: 엇걸며 줄을 넘고 넘은 줄이 다시 돌아오게 하여 넘어요.

- 4단계: 3단계 동작을 연속해서 해봐요.

- 5단계: 1회선 2도약 양발모아뛰기로 한 번은 줄을 엇걸어 넘고, 한 번은 줄을 풀어서 넘는 연습을 해요.

- 6단계: 연속으로 엇걸어 풀어 넘을 수 있도록 반복적으로 연습해요.

- 7단계: 엇거는 손을 바꾸어 연습해요.(위로 올라가는 손을 바꾸어 연습).

- 8단계: 엇거는 손을 바꾸어가며 연속으로 엇걸었다 풀어뛰기를 해봐요.

[줄돌이 쌤 비법1] 손목을 잘 돌리지 않는 경우가 많으므로 제자리에서 손목 돌리는 연습을 충분히 한 후 점프하며 손목 돌리는 연습을 해봐요.

[줄돌이 쌤 비법2] 엇걸었다 풀어뛰기 할 때 손잡이가 U자 모양으로 움직여요.

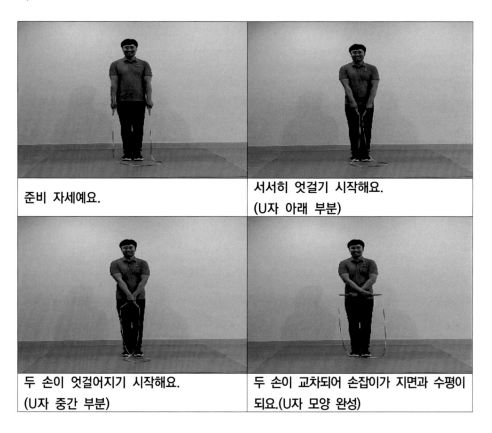

준비 자세예요.	서서히 엇걸기 시작해요. (U자 아래 부분)
두 손이 엇걸어지기 시작해요. (U자 중간 부분)	두 손이 교차되어 손잡이가 지면과 수평이 되요.(U자 모양 완성)

<❹교시> - 릴리즈, 손잡이를 놓았다가 잡아봐요!

"이번 시간에는 '릴리즈'라는 기술을 배워볼거예요"

"선생님 그런데 '릴리즈'가 무슨 기술인가요?"

"릴리즈란 줄넘기에서 손잡이를 놓았다가 잡는 기술들을 말해요. 먼저 줄을 넘으며 한 손잡이 던져 잡기를 해볼게요."

1. 손잡이를 놓아요.
2. 손잡이를 던져요.
3. 내려오는 손잡이를 잡아요.
4. 손잡이를 잡고 줄을 넘어요.

"선생님, 저는 줄을 넘다가 손잡이를 놓으면 손잡이가 자꾸 앞으로 튀어 나가요. 어떻게 하면 좋죠?"

[줄돌이 쌤 비법] 던진 손잡이와 반대쪽 손잡이가 같은 높이가 되도록 높이를 맞춰 주어야 손잡이가 원심력에 의해 앞으로 튀어 나가는 것을 방지할 수 있어요.

"이번에는 두 손잡이를 동시에 던졌다가 잡는 기술을 해볼게요."

1. 두 손잡이를 놓아요.	2. 두 손잡이를 던져요.
3. 내려오는 두 손잡이를 잡아요.	4. 손잡이를 잡고 넘어요.

"다음으로 '피싱(fishing)'이라는 기술을 배워볼거에요."
"낚시를 하듯이 바닥에 있는 줄을 위로 끌어당겨 손잡이를 잡는 기술이에요."

※주의해야 해요!
줄을 끌어당길 때 손잡이가 내 쪽으로 오는데 이나 얼굴에 맞으면 다칠 수 있으므로 너무 세게 당기지 않도록 해야 해요. 그리고 주위 사람들과 충분히 거리를 두고 해야 내 줄 손잡이에 다른 사람들이 다치지 않아요.

[줄돌이 쌤 비법] 바닥에 놓은 줄은 팽팽하게 유지하고 손잡이를 잡고 있는 쪽 줄을 살짝 들어 올린 상태에서 손목을 살짝만 이용하여 줄을 내 몸쪽으로 낚아 올려요.

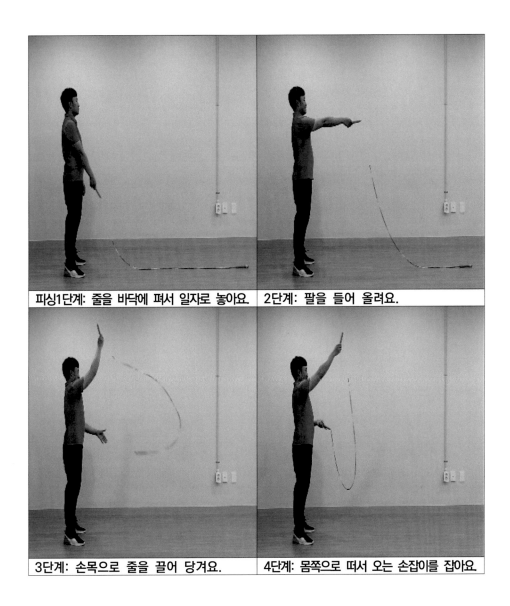

파싱1단계: 줄을 바닥에 펴서 일자로 놓아요.	2단계: 팔을 들어 올려요.
3단계: 손목으로 줄을 끌어 당겨요.	4단계: 몸쪽으로 떠서 오는 손잡이를 잡아요

"줄을 회전시켜 잡는 방법도 있어요."

"이 방법은 짧은 기간에 성공하기는 어려우니 꾸준히 연습을 해보도록 해요."

"이 기술은 줄넘기 손잡이 한쪽을 놓아 공중에서 회전시킨 후 다시 잡는 방법이에요. 연습 방법을 알려줄게요."

1단계: 바닥에 줄이 닿게 한쪽 손잡이만 잡은 상태에서 줄의 팽팽함을 유지한 채로 줄의 힘을 느끼며 천천히 원을 그리며 돌리는 연습을 해요.

2단계: 줄이 원을 그리며 잘 돌아가면 8자돌리기 자세로 줄을 한 바퀴 돌리며 바깥쪽 손잡이를 놓으며 돌리는 연습을 해요. 이때 손잡이를 잡고 있는 손은 돌리지 않고 손잡이를 놓는 힘에 의해서만 줄이 돌아가는 것을 느껴 본다.

3단계: 2단계 동작이 익숙해지면 손잡이를 잡고 있는 손도 함께 이용하여 줄을 돌리며 손잡이를 놓아주는 연습을 한다.

4단계: 3단계 연습을 하며(2바퀴 혹은 3바퀴 등 바퀴 수를 정하여 돌려요.) 놓아 준 손잡이 끝이 땅을 향할 때 손잡이를 보며 잡는 연습을 해요.

5단계: 손잡이가 잘 잡히면 바로 이어서 한 번 줄을 넘어 봐요.

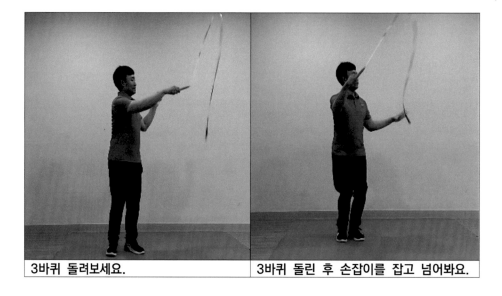

3바퀴 돌려보세요. | 3바퀴 돌린 후 손잡이를 잡고 넘어봐요.

☺ <쉬는 시간> - 이런 기술도 있어요

"이번에는 엇걸었다 풀어뛰기를 조금 변형한 기술을 알아보겠습니다. 이 기술의 이름은 '토드'라고 해요."

1) 1단계(편의상 1단계를 '토드 동작'이라 할게요.)

- 하나: 뒤에서 줄을 앞으로 보내요.

하나: 줄을 앞으로 보내요.

- 둘: 오른 다리를 들어요.

둘: 오른 다리를 들어요.

- 셋: 왼손의 손목을 오른 다리의 무릎 아래에 놓아요.

셋: 왼손의 손목을 오른 무릎 아래로 넣어요.

[줄돌이 쌤 비법] 손잡이가 무릎 바깥에 충분히 보이도록 해줘야 해요. 손잡이가 무릎 아래로 들어간다기보다는 손목이 무릎 아래로 들어간다는 느낌으로 동작을 해주세요.

- 넷: 오른손을 오른 다리 허벅지 위로 엇걸어요.

넷: 오른손을 오른리 허벅지 위로 엇걸어요.

2) 2단계

- 1단계의 하나, 둘, 셋, 넷 동작을 한 동작에 하고 엇건 줄 사이로 점프를 하여 줄을 넘어요.

| 토드 자세를 만들어요. | 엇건 줄 사이로 점프해요. |

3) 3단계

- 하나: 토드 동작, 줄을 왼다리로 한 번 넘고 줄이 앞으로 돌아오게 한다.

토드 자세로 엇건 줄 사이로 점프해요.

- 둘: 줄을 풀고 왼다리로 점프하고 왼다리로 착지한다.

[줄돌이 쌤 비법] 다리 근력이 부족한 초등학생 이하의 경우에는 뒷발을 빼는 경우가 많은데, 이런 학생들은 줄을 한 손에 모아 잡고 손동작만 하며 점프 없이 연습한 후에 점프하면서 연습하며, 들고 있지 않은 발로 착지하는 연습을 하면 해결된다.

엇걸었던 줄을 풀어서 넘어요.

☆ 놀이터

줄돌이 쌤이 쌩쌩이에게 줄넘기 줄을 갖다줄 수 있게 여러분이 도와주세요!

가는 길을 확인해 보세요!

- 제3장 -
수요일! 긴줄넘기 어렵지 않아요!

<❶교시> - 긴줄과 친해지기

"여러분, 긴줄넘기 하는 것을 좋아하나요?"

"네. 좋아해요!"

"으으, 저는 긴줄넘기가 싫어요."

"저도 긴줄넘기는 좋아하지 않아요."

"쌩쌩이만 긴줄넘기를 좋아하고 쑥쑥이와 통통이는 긴줄넘기가 싫은가 보구나."
"쑥쑥이는 왜 긴줄넘기가 싫으니?"

"선생님, 저는 긴줄넘기가 무서워요. 맞으면 아플 것 같아요."

"저는 긴줄이 개인줄보다 많이 길어 보여서 왠지 무서워요."

"여러분이 말한 것처럼 긴줄넘기는 개인줄넘기와 차이점이 있어요. 긴줄넘기는 개인줄넘기와는 다르게 길이가 길고 줄이 크게 돌아가기 때문에 여러분에게 다소 두렵고 부담스럽게 보일 수 있어요."

"선생님이 쑥쑥이와 통통이가 긴줄넘기와 친해질 수 있는 활동을 준비했어요. 함께 해 볼까요?"

1) 줄 건너가기를 해볼게요.
- 줄을 바닥에 일자로 깔아 놓고 줄을 건너서 가 보도록 해요.

줄을 건너가서 모두 돌아올 때까지 기다리는 방법이 있어요.	연속으로 줄을 건너가는 빙법도 있어요.

2) 줄 차단기 놀이를 해봐요.
- 줄이 바닥에 있으면 넘고, 머리보다 위에 있으면 걸어서 통과하는 방법이에요.
- 한 사람씩 지나갈 때마다 구령으로 '하나, 둘, 셋'을 붙여 줄게요. 셋에 줄의 위치를 보고 지나가 보세요.

줄이 위에 있으면 걸어서 통과해요.	줄이 아래에 있으면 점프해서 통과해요.

3) 지렁이(또는 파도)놀이를 해볼까요?

- 줄을 땅에 깔아 놓고 줄 돌리는 사람들이 손잡이를 좌우나 위아래로 빠르게 흔들면 줄이 물결 모양으로 움직이는데, 줄에 닿지 않고 넘어서 통과해 봐요.

| 가로로 줄을 흔들어봐요. | 세로로 줄을 흔들어봐요. |

4) 반원 돌리기를 해봐요.

- 줄 돌리는 사람들이 줄을 반원 모양을 그리며 돌리고, 점프하고 있는 사람의 발아래를 통과시켜 주다가 완전 돌리기로 바꾸어 돌려 주기를 해봐요.

| 반원 돌리기(바이킹처럼 왔다 갔다 하기)를 해봐요. | 완전 돌리기(일반적으로 줄 돌리는 방법)를 해봐요. |

반원 돌리기로 줄을 돌려주다가 완전 돌리기로 바꾸면 안에서 뛰는 사람이 부담스럽지 않아요.

5) '꼬마야 꼬마야' 놀이를 해봐요.

- '꼬마야 꼬마야' 줄 놀이 노래에 맞추어 즐겁게 줄을 넘어 봐요.

6) 통통이는 줄이 길어서 무섭다고 했죠? 우리 길이가 짧은 줄을 이용하여 긴줄넘기 활동을 해봐요.

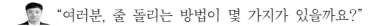 "줄 돌리는 방법에는 여러 가지가 있어요."

"여러분, 선생님이 줄 돌리는 모습이 잘 보이게 V자 줄로 앉아서 설명을 듣도록 할게요.(뒤에 있어 앞의 사람에 가리는 사람이 없어지므로 선생님이 더욱 잘 보인다.) 쌩쌩이가 반대쪽 긴줄 손잡이를 잡아줄 수 있나요?"

V자 줄로 앉아서 선생님 설명을 들어요.

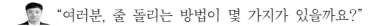 "여러분, 줄 돌리는 방법이 몇 가지가 있을까요?"

"한 가지 방법이 있다고 생각해요!"

"두 가지 방법이 있을 것 같아요!"

3) 줄 돌리는 방법의 종류에는 여러 가지가 있어요. 일반적으로 '가는 줄' 방법과 '오는 줄' 방법이 있어요.

- 가는 줄: 줄 넘는 사람을 기준으로 하여 줄이 바닥을 치고 멀어져 가는 줄돌리기 방법을 말해요.

- 오는 줄: 줄 넘는 사람을 기준으로 하여 줄이 바닥을 치고 가까이 오는

줄돌리기 방법을 말해요.

가는 줄: 줄 넘는 사람을 기준으로 줄이 바닥을 치고 멀어져 가는 줄돌리기 방법이에요.	오는 줄: 줄 넘는 사람을 기준으로 줄이 바닥을 치고 가까이 오는 줄돌리기 방법이에요.

4) 긴줄넘기는 바른 자세로 줄을 돌리는 것이 중요해요.

쌩쌩이와 통통이가 줄을 돌려 볼까요?

- 팔꿈치를 중심으로 원을 그리듯이 돌려봐요.

- 팔 전체를 사용하지 않아요.

- 손목을 사용하지 않아야 해요.

바른 자세(O)	팔 전체를 사용한 경우(X)	손목을 사용한 경우(X)

"긴줄넘기 돌리는 속도를 빠르게 하려면 줄을 조금 더 팽팽하게 하여 살짝 당기는 느낌으로 돌리면 돼요. 하지만 줄을 천천히 돌린다고 하여 줄이 출렁이도록 돌린다는 뜻은 아니에요. 줄을 천천히 돌릴 때도 줄에 적당히 팽팽함이 있어야 해요."

"긴줄넘기를 하며 지켜야할 안전수칙이 있어요!"

- 줄을 넘는 사람이 줄에 걸렸을 때는 손잡이를 잡은 채로 손잡이를 즉시 바닥에 내려놓아야 줄 넘는 사람이 다치지 않아요.

- 줄넘기를 절대로 손이나 손등에 감고 돌리면 안돼요.

| 손에 줄을 감은 경우(X) | 줄에 걸리면 왼쪽 사람처럼 상해 예방을 위해 손잡이를 땅에 내려놓아요. |

<❷교시> - 긴줄을 통과하고 넘어봐요!

👨 "이번 시간에는 긴줄 통과하기와 넘기를 해볼거에요."

"줄 돌리기의 종류에는 가는 줄과 오는 줄 방법이 있었죠?"

"이 중에서 줄 통과하기는 가는 줄 방법으로 줄을 돌릴 때만 가능해요."

- 줄을 통과하는 타이밍은 줄이 내 눈앞을 지나갈 때로, 이때 줄을 따라 들어가면 돼요.

- 긴줄 가운데 통과하기를 한 사람씩 해볼게요, 두 사람, 세 사람씩 점점 인원을 늘려서도 해볼까요?

- 가는 줄 통과하기가 익숙해졌으니 음악에 맞추어 통과하기를 해 봐요.

[줄돌이 쌤 비법] 긴줄 눈치게임: 가로로 길게 서서 자신이 줄을 통과하는 순서대로 번호를 외치며 차례대로 통과하는 게임이에요. 만약에 2명 이상 동시에 출발하면 출발한 사람들이 지는 게임이지요.

👨 "이번에는 가는 줄을 넘고 나가보겠습니다."

"가는 줄을 넘고 나가는 동작은 크게 3가지 순간으로 나누어 볼 수 있어요."

- 줄 밖에서: 줄에 닿을 듯한 거리에서 줄에 들어갈 준비 자세를 하고 있다가 줄이 여러분의 눈앞을 지나 내려갈 때 따라 들어가요.

- 줄 안에서: 줄이 뒤에서 내 쪽으로 올 때 점프를 가볍게 하여 줄의 가운데에서 넘어요.

- 나갈 때: 줄을 완전히 넘고 난 후 줄 밖으로 나와요.

👨 "통통아, 줄을 넘고 더 빠른 걸음으로 나가야해요."

"일정한 박자로 줄을 넘을 때는 2도약 박자로 넘으면 좋아요."

 "이번에는 오는 줄 넘고 나가는 방법에 대해 알아볼게요."
- 가는 줄과 마찬가지로 줄이 여러분 눈앞을 지나갈 때 들어가서 줄을 넘으며, 가는 줄과의 차이점은 줄 통과하기가 불가능하다는 점이에요.
- 오는 줄을 넘고 나갈 때 주의할 점: 나가기 전 마지막 점프하여 디딜 때 줄 선상보다 약간 앞에서 디디면 나갈 때 줄에 잘 걸리지 않아요.
- 나갈 때는 개울을 건너듯이 몸을 밀어내며 나와요.

| 줄 선상 | 줄 선상보다 약간 앞의 위치 |

[줄돌이 쌤 비법] '긴줄 아이스크림31 게임'을 해봐요.

1) 3명씩 짝을 지어 하는 게임이에요.

2) A, B, C 세 사람이 번갈아 가며 긴줄 안에서 뛰는데 한 사람당 한 번에 5번까지 줄을 넘을 수 있어요.

3) 만약에 줄에 걸리면 걸리기 전 개수까지만 인정해줘요.

4) 세 사람이 넘은 개수를 모두 더하여 31번째 점프를 하게 되는 사람이 지는 놀이에요.

1번 주자 넘기 | 1번과 2번 주자 교체
2번 주자 넘기 | 2번과 3번 주자 교체

< ❸교시 > - 짝줄넘기로 친구와 친해져요!

👤 "이번 시간에는 친구와 함께 할 수 있는 짝줄넘기를 해볼거에요."

1) 짝줄넘기도 개인줄넘기처럼 줄의 길이를 알맞게 조절해야 해요.

- 짝줄넘기용 줄을 이용해도 되고 길이가 넉넉한 개인줄넘기를 이용해도 되요.

- 한 발로 줄을 밟아 수직으로 올렸을 때 어깨에 닿을 정도가 좋아요.

마주 보고 넘기만 할 경우에는 개인줄 길이와 같이 조절해도 좋아요.

짝줄넘기 하기 알맞은 줄 길이에요.

2) 짝줄넘기는 개인줄넘기보다 길이가 길어서 줄 돌리는게 어색할거에요.

함께 넘기 전에 각자 짝줄넘기를 돌려 넘어보도록 해요.

👤 짝줄을 이용해 줄을 넘는 방법에는 여러 가지가 있어요.

1) 마주보고뛰기 방법이에요.

- 두 사람이 마주 보고 서서 넘는 줄넘기 방법이에요.

마주보고뛰기 방법이에요.

- 두 사람 사이의 간격은 팔을 쭉 펴서 상대방 어깨에 닿을 정도의 거리가 적당해요.

마주보고 뛰기를 하기 위해서는 팔을 쭉 펴서 상대방 어깨에
닿을 정도의 거리가 적당해요.

- 1번과 2번 역할을 정해서 1번이 먼저 줄을 돌리게 하고 교대로 2번이
줄을 돌리게 하여 번갈아 줄을 돌려봐요.

[줄돌이 쌤 비법] 줄 돌리는 역할을 바꿀 때는 손잡이를 상대방에게 건네
주고 줄이 상대방의 뒤쪽으로 갈 수 있게 해 주면 간편하게 역할을 바꿀
수 있어요.

역할 바꾸는 방법

- 뛰다가 멈추는 방법: 줄 넘는 사람이 뒷멈춤 후 양팔을 위로 '짠~!' 하고
V자 모양으로 들어 올려요.

    "1회선 2도약 넘기가 익숙해진 친구는 1회선 1도약과 섞어서 넘어보세요."

- 상대방이 줄을 잘 넘을 수 있도록 줄 돌리는 사람은 앞의 공간을 넓게 확보하며 줄을 쓸 듯이 돌려 줘요.

마주보고 뛰기 마무리 자세예요.	상대방이 줄을 잘 넘을 수 있도록 배려 해줘요.

2) 앞나란히뛰기에 대해 알아볼게요.

- 마주보고뛰기 자세에서 줄을 가지고 있지 않은 사람이 뒤로 돌아보세요. 그럼 짝과 같은 방향을 바라 보게 되요. 줄은 줄을 가지고 있는 친구 뒤에 오도록 하세요.

- 줄을 돌리는 사람은 줄을 돌리고, 넘는 사람은 살짝 고개를 옆으로 돌려 줄 돌리는 사람의 손잡이나 줄을 바라보며 점프해보세요.

앞나란히뛰기 방법이에요.

- 돌리는 사람과 넘는 사람 모두 앞멈춤 자세로 줄을 멈춰 마무리하면 되요.

앞나란히뛰기 마무리 자세예요.

[줄돌이 쌤 비법] 줄 돌리는 사람은 앞쪽에 공간을 넓게 확보하며 쓸 듯이 줄을 돌려야 해요.

3) 뒤나란히뛰기

"줄 돌리는 사람은 앞에, 줄 넘는 사람은 뒤에 나란히 서서 줄을 돌리는 방법이에요."

뒤나란히뛰기 방법이에요.

- 줄을 가지고 있지 않은 사람 뒤에 줄을 놓고 시작해요.

- 두 사람 사이의 간격은 줄 넘는 사람이 팔꿈치를 굽힌 채로 손을 뻗어 줄 돌리는 사람의 어깨에 닿을 정도가 적당해요.

짝과 알맞은 간격으로 서야 줄에 안 걸려요.

- 두 사람 모두 앞멈춤 자세로 마무리해요.

뒤나란히뛰기 마무리 자세예요.

[줄돌이 쌤 비법] 줄 돌리는 사람은 뒤쪽에 충분한 공간을 확보하여 줄을 쓸 듯이 돌려줘야 해요.

뒤나란히뛰기 할 때 팔을 뒤로 보내 공간을 확보해요.

"이번에는 옆나란히뛰기를 해볼게요."

"줄 1개를 가지고 두 사람이 옆으로 나란히 서서 각각 바깥쪽 손에 손잡이를 1개씩 잡아요."(1번은 왼손에 손잡이를, 2번은 오른손에 손잡이를 아 주세요.)

① 옆나란히함께뛰기 방법으로 줄을 넘어볼게요.

- 두 사람이 같은 박자에 함께 뛰는 방법이에요.

옆나란히함께뛰기 방법이에요.

- 두 사람은 손잡이의 높이를 맞춰야 자연스럽게 줄을 넘을 수 있어요.

짝과 손잡이의 높이가 같게 해주세요.

"옆나란히번갈아스텝 방법으로 줄을 넘어볼게요."

　　　 - 한 사람씩 번갈아 가며 뛰는 방법이에요.

옆나란히번갈아스텝 방법이에요.

- 줄을 넘지 않는 사람도 함께 뛰면 좋아요.

- 줄 넘는 사람 방향으로 몸을 돌리지 말고 손만 줄 넘는 사람 방향으로 움직여 줘야 자연스러운 동작이 되요.

- 줄 돌리지 않는 손은 배꼽 위치에 가지런히 놓아요.

줄을 잡지 않은 손은 배꼽 위치에 두세요.

<❹교시> - 짝줄넘기 놀이

 "이번 시간에는 지금까지 배운 짝줄넘기 방법을 이용하여 놀이를 해볼게요."

"우와! 신난다!"

 "첫 번째 놀이는 짝줄넘기 공기놀이에요."

1~3단계로 하며 3단계에서 마주보고뛰기를 뒤로 넘은(1도약) 개수만큼 점수를 얻으며 점수는 최대 10점을 넘을 수 없어요.

1) 1단계: 마주보고뛰기로 5회 넘기

1단계 마주보고 뛰기 5회

2) 2단계: 뒤나란히뛰기로 5회 넘기

2단계 뒤나란히뛰기 5회

3) 3단계: 마주보고뛰기(1도약) 뒤로 넘기(넘은 수만큼 점수를 얻어요. 하지만 10점을 넘을 수는 없어요, 한 팀이 너무 많이 넘는 경우 경기가 지루해지기 때문이지요.)

3단계 마주보고뛰기(1도약) 뒤로 넘기

"이번에는 줄넘기 트리오(제기차기 3종 응용) 놀이를 해볼게요."

1) 2명이 한 팀이 되요.

2) 단계별로 넘으며 개수를 세요.

- 1단계: 마주보고뛰기

마주보고뛰기

- 2단계: 뒤나란히뛰기

뒤나란히뛰기

- 3단계: 옆나란히함께뛰기

옆나란히함께뛰기

3) 각 단계별로 넘은 횟수를 다 합하여 개수가 많은 팀이 승리해요.

승부판정(점수 합산)

 "이번에는 줄여행을 떠나봐요!"

1) 두 팀으로 나누어 한 줄씩 나란히 선 후 차례를 정해요.

2) 첫 번째 순서에 선 사람과 줄 돌리는 사람은 마주보고뛰기 자세로 서요.

3) 줄 돌리는 사람은 차례대로 자기 팀원에게 줄을 넘겨주며 이동한다.

4) 다음 순서 팀원은 먼저 줄 돌린 사람의 줄을 받아서 같은 방식으로 줄을 넘기며 이동해요.

5) 줄을 다 넘기고 먼저 줄을 심판에게 갖다준 팀이 승리해요.

줄여행 경기 장면이에요.

[줄돌이 쌤 비법] 줄을 넘겨줄 때 반드시 두 사람이 나란한 방향에서 넘겨줘야 걸리지 않아요.

– 바로 넘겨주며 이동하는 것은 어려우므로 한 사람 넘겨주고 앞의 사람들 사이의 공간에 사람이 없이 한 번 줄을 넘은 후 다음 사람에게 넘겨주는 방식으로 하면 더 쉽게 할 수 있어요.

"다 함께 짝줄 엇걸어 함께 뛰기를 해봐요!"

1) 여러 명이 횡대로 서서 안쪽 손잡이를 교환하여 잡아요.

2) 1회선 2도약으로 양발모아뛰기를 하여 걸리지 않고 많은 횟수를 넘는 팀이 승리하는 놀이에요.

준비 자세예요.

엇걸어 함께 뛰기예요.

마무리 자세예요.

경기 장면이에요.

"이번에는 6명이 한팀이 되어 하는 놀이에요. 인원이 부족해서 줄넘기 스쿨 1학년 2반 친구들 두 명이 함께 참여하기로 하였어요."

"산토끼나 학교종과 같이 짧은 노래를 부르며 다양한 방법으로 1회선 2도약으로 넘을거에요. 걸리지 않고 모두 성공한 팀이 이기는 놀이에요."

- 1단계: 줄 없이 긴줄 안에서 줄을 넘어요.

1단계: 줄 없이 긴줄 안에서 줄을 넘어요

- 2단계: 개인줄 가지고 긴줄 안에서 줄을 넘어요.

2단계: 개인줄을 긴줄 안에서 넘어요.

- 3단계: 짝줄 마주보고뛰기를 긴줄 안에서 해요.

3단계: 마주보고뛰기를 긴줄 안에서 해요

- 4단계: 짝줄 옆나란히함께뛰기를 긴줄 안에서 해요.

4단계: 옆나란히함께뛰기를 긴줄 안에서 해요.

☺ <쉬는 시간> - 긴줄넘기 경기 종목을 알아봐요!

순	종목	인원	경기방법 및 규정
1	8자마라톤 (2분)	12명	1) 줄은 4.0m 이상(손잡이 포함) 구슬 줄을 사용한다. 2) 2명이 가는 줄로 돌리고 나머지 10명이 8자 형태를 그리며 줄 안에 들어가 한 번 넘고 나간다(단, 처음에 들어가는 사람은 줄 안에 있어도 무방함). 3) 줄에 걸리면 이어서 넘으며 걸리지 않은 부분만 계수한다.
2	긴줄 뛰어들어함께 뛰기 (2분)	14명	1) 줄은 8.0m 이상(손잡이 포함) 구슬 줄을 사용한다. 2) 2명이 줄을 돌리고 나머지 인원(12명)이 한 명씩 가는 줄 들어가는 방법으로 줄 안에 들어간다. 3) 12명이 함께 넘는 경우에만 기록으로 인정한다. 4) 넘는 중간에 걸렸을 때는 줄을 멈추고 모두 줄 밖으로 나와 다시 한 명씩 들어간다(단, 처음에 들어가는 사람은 줄 안에 있어도 무방함).

(출처: 학교스포츠클럽 줄넘기 대회 요강)

 "첫 번째 종목은 8자마라톤이에요."

　　가. 줄 돌리는 방법은 가는 줄 방향이에요.

나. 8자돌리기 종목을 설명해줄게요.

- 줄 돌리는 사람 옆에 줄 넘는 사람들은 한 줄로 선 뒤 가는 줄로 대각선 방향에서 들어가 1번 넘고 반대편으로 나와서 반대쪽 줄 돌리는 사람을 돌아 반대편 옆쪽에 서요.

- 모든 사람이 다 줄을 넘고 올 때까지 기다려요.

- 다시 1번 주자부터 같은 방법으로 가는 줄로 대각선 방향으로 들어가 넘는 방법이에요.

8자마라톤 경기 장면

"두 번째 종목은 긴줄뛰어들어함께뛰기예요."

가. 줄 돌리는 방법은 가는 줄 방향이에요.

나. 긴줄뛰어들어함께뛰기 종목에 대해 설명해줄게요.

1) 여러 명이 줄 안에 들어간 상태에서 동시에 줄을 넘는 방법이에요.

2) 줄이 한 번 돌아갈 때 한 사람씩 차례대로 뛰어들어 모두가 들어가면 그때부터 개수를 세기 시작해요.

 "긴줄2도약넘기로도 경기를 할 수 있어요."

1) 가는 줄(오는 줄) 방향으로 연속으로 들어가 한 사람이 2도약으로 2번씩 넘고 나가는 방법이에요.

2) 처음 들어갈 때를 제외하고 줄 안에는 항상 2명이 들어가 뛰고 있는 상태예요.

[줄돌이 쌤 비법] 두 번째 점프할 때는 앞으로 충분히 전진하여 나오기 쉬운 위치에서 줄을 넘고 나오는 것이 좋아요.

 "긴줄4도약넘기 방법도 있어요."

1) 가는 줄(오는 줄) 방향으로 연속으로 들어가 한 사람이 2도약으로 4번씩 뛰고 나가는 방법이에요.

2) 처음에 들어갈 때를 제외하고 줄 안에는 항상 4명이 들어가 뛰고 있는 상태예요.

| 긴줄 2도약 넘기 | 긴줄 4도약 넘기 |

사다리 타기로 복습해요! 긴줄넘기, 짝줄넘기!

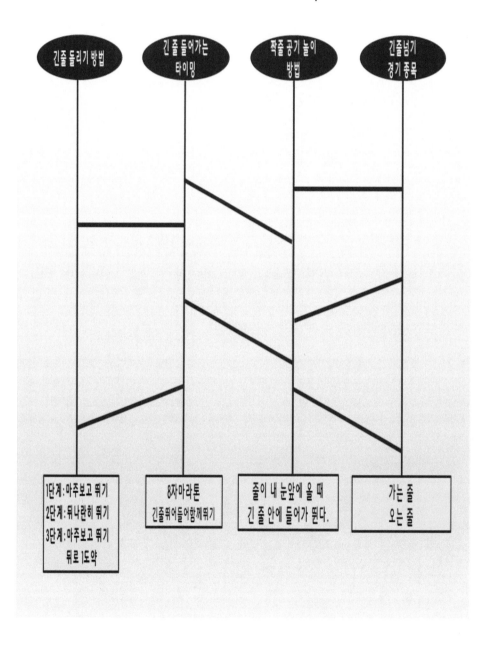

- 제4장 -
목요일! 넘지 않는 줄넘기를 해봐요!

<❶교시> - 줄 돌리기

"오늘은 넘지 않는 줄넘기 동작들을 배워볼거에요."

"선생님! 넘지 않는 줄넘기가 정말 있나요?"

"네, 주로 줄을 넘지 않고 활동성 휴식(운동 강도를 줄였지만 운동의 효과는 그대로 유지되도록 하는 것)을 하기 위한 목적으로 줄을 멈추지 않고 돌리는 동작을 말해요."

"첫 번째로 8자돌리기에 대해 알아볼게요."
"1회선 2도약 넘기 박자와 1회선 1도약 넘기 박자로 돌리는 두 가지 방법이 있어요."
"1회선 2도약 넘기 박자로 8자돌리기(8자돌리기 느리게) 방법부터 알아볼게요"

"선생님, 근데 왜 '8자돌리기'라는 이름이 붙었나요?"

"줄이 몸 앞에서 누운 8자 모양으로 움직이므로 '8자돌리기'라는 이름이 붙었어요."
"8자돌리기는 2박자마다 줄을 바닥에 한 번씩 치게 돼요."

"손잡이 잡는 법을 알아볼까요?"

- 두 손바닥이 마주 보게 손잡이를 잡아요.

- 두 손잡이를 가볍게 붙여서 잡아요. 왜냐하면 두 손잡이 사이의 거리가 멀리 떨어지게 되면 8자돌리기가 예쁜 모양으로 되기 어렵기 때문이에요.

8자돌리기의 손잡이 잡는 법이에요.

"손잡이의 위치는 줄을 넘는 동작과 다르게 배꼽 위치예요."

손잡이 위치는 배꼽 위치이다.

"그럼, 8자돌리기 하는 방법을 알아볼게요."

– 줄이 돌아갈 때 어깨를 중심으로 줄이 몸의 가운데를 지나가게 한 후, 하나에 왼쪽 바닥을 치고 나서 올라간 줄을 오른쪽 바닥에 쳐 주면 되요.

– 방향을 바꿔 주는 타이밍(짝수박일 때예요.)은 줄이 위에 있을 때예요.

– 줄이 바닥을 칠 때마다 무릎에 반동을 주면 리듬감있게 동작을 할 수 있어요.

– 8자돌리기를 할 때 팔을 너무 위로 들지 않도록 주의해야 해요.

*8자돌리기

바닥을 스치듯이 줄을 왼쪽으로 보낸다.	왼쪽으로 보낸 줄을 원심력을 이용해 정점까지 보내 준다.
줄이 정점에 오면 바닥을 스치듯이 줄을 오른쪽으로 보낸다.	오른쪽으로 보낸 줄을 원심력을 이용해 정점까지 보내 준다.
바닥을 스치듯이 줄을 왼쪽으로 보낸다.	왼쪽으로 보낸 줄을 원심력을 이용해 정점까지 보내 준다.
줄이 정점에 오면 바닥을 스치듯이 줄을 오른쪽으로 보낸다.	오른쪽으로 보낸 줄을 원심력을 이용해 정점까지 보내 준다.

[줄돌이 쌤 비법] 1회선 2도약 넘기 박자로 8자돌리기가 잘 안 되는 경우, 줄넘기를 왼손이나 오른손에 손잡이 두 개를 모아 잡고 줄을 돌려보며 8자돌리기 동작의 원리를 익혀봐요.

- 1단계: 왼손에 손잡이를 모아 잡고 왼쪽으로 8번 돌려 봐요.

1단계: 왼쪽으로 8번 돌리기

- 2단계: 왼손으로 손잡이를 모아 잡고 오른쪽으로 8번 돌려 봐요.

2단계: 오른쪽으로 8번 돌리기

- 3단계: 왼쪽과 오른쪽을 연결해봐요.

"이번에는 1회선 1도약 넘기 박자로 8자돌리기(8자돌리기 빠르게)하는 방법을 알아볼게요."

- 1회선 1도약 넘기 박자로 8자돌리기는 1회선 2도약 넘기 박자로 8자돌리기와는 달리 빠르게 줄을 돌려야 하므로 손목 움직임을 주로 이용해요.

[줄돌이 쌤 비법] 얼굴이나 몸에 줄을 맞거나 팔이나 몸에 줄이 감기는 경우가 있어요. 이는 8자돌리기를 할 때 줄이 한 바퀴를 다 돌 때까지 기다리지 않고 방향을 급하게 바꾸기 때문이에요. 줄을 기다려주세요.

줄의 방향을 바꾸어주는 타이밍

"몸에서 줄 끝이 멀어지면 줄이 사선으로 돌아가기 때문에 몸에서 줄 끝이 멀어지지 않도록 주의해야 해요."

몸에서 줄 끝이 가깝게 해야해요.

"선생님이 16박자를 해볼게요. 여러분들은 선생님 동작이 끝나면 동작을 따라해보세요!"

선생님이 먼저 8자돌리기 16박자를 시범 보일게요.

이제 여러분이 따라서 해볼까요?

"제자리에서 걸으며 8자돌리기 동작을 할 수도 있어요."

"처음 시작할 때 바닥을 치는 줄 쪽의 다리를 구르며 시작하면 동작을 자연스럽게 할 수 있어요."

| 바닥을 치는 줄 쪽의 다리 구르기로 시작하기 | 제자리 걸으며 8자돌리기 |

"이번에는 8자더블놀리기 기술을 알아볼게요."

"8자돌리기를 하는데 1회선 1도약 박자로 한쪽당 2번씩 돌리는 방법이에요."

"선생님, 저는 줄을 돌리는데 줄에 맞을까봐 너무 무서운데 어떻게 하죠?"

[줄돌이 쌤 비법] 줄이 무서워하거나 급하게 줄을 돌리는 경우 2바퀴를 완전히 다 돌리고 줄의 방향을 바꿔주세요. 그럼 줄에 맞지 않을 수 있어요.

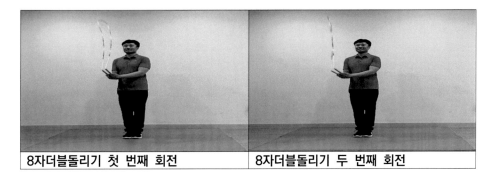

| 8자더블돌리기 첫 번째 회전 | 8자더블돌리기 두 번째 회전 |

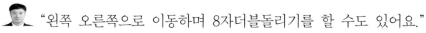 "왼쪽 오른쪽으로 이동하며 8자더블돌리기를 할 수도 있어요."

왼쪽으로 이동하며 8자더블돌리기 1번 동작이에요.	왼쪽으로 이동하며 8자더블돌리기 2번 동작이에요.
오른쪽으로 이동하며 8자더블돌리기 1번 동작이에요.	오른쪽으로 이동하며 8자더블돌리기 2번 동작이에요.

"이번에는 옆내밀어 8자더블돌리기를 해볼게요."

1) 8자더블돌리기 방법으로 줄을 돌릴 때 줄을 돌리는 반대쪽 발을 옆으로 내밀어 엄지발가락 부분을 찍어 주는 동작이에요.

2) 반대쪽으로 줄을 돌릴 때 발을 바꾸어 찍어 주는데, 발을 바꿀 때 살짝 점프를 하며 발을 바꿔 주면 리듬감을 좀 더 살릴 수 있어요.

"선생님, 근데 왜 왼발을 내밀 때 왼쪽 8자더블돌리기를 하면 안되나요? 같은 쪽을 함께 해야 헷갈리지 않을 것 같아요."

"아주 좋은 질문이에요. 그건 왼쪽부터 8자더블돌리기를 할 때 왼발을 내밀면 줄에 걸리기 때문이에요. 오른발부터 옆내밀어 찍어 줘야 줄에 걸리지 않겠죠?"

발동작1 연습(오른발)	발동작2 연습(왼발)
줄돌리기+발동작1 연습	줄돌리기+발동작2 연습

"다음으로 다리 들고 8자더블돌리기 방법에 대해 알아볼게요."

1) 8자더블돌리기 방법으로 줄을 돌릴 때 줄을 돌리는 반대쪽 발을 펴서 들어 주세요.

2) 디디고 있는 발은 8자돌리기를 한 바퀴씩 돌릴 때마다 한 번씩 가볍게 점프를 해 주면 되요.

3) 처음부터 다리를 90도 이상 펴서 들기는 어려우므로 점차적으로 다리를 드는 각도를 늘리도록 해야해요.

[줄돌이 쌤 비법] 드는 발의 발끝을 바깥쪽으로 살짝 틀게 하여 허벅지를 들어 올린다는 느낌으로 발을 들어 올리면 다리가 수월하게 위로 올라가요.

발끝을 바깥쪽으로 틀어줘요.	허벅지를 들어 올리는 느낌으로 들어 올려요.

"팔 동작과 다리 동작을 각각 연습하고 난 후 이를 함께하는 방법으로 연습하면 동작을 쉽게 익힐 수 있어요."

발동작1 연습: 2번 점프하며 오른발 들기	발동작2 연습: 2번 점프하며 왼발 들기
줄돌리기+발동작1	줄돌리기+발동작2

[줄돌이 쌤 비법1] 다리를 들 때 반대쪽으로 몸이 기울지 않도록 주의해요.

[줄돌이 쌤 비법2] 숙달이 잘 안 되는 경우에는 줄 없이 연습을 충분히 한 후 해봐요.

"이번에는 어깨 위로 8자더블돌리기 방법을 알아볼게요."

"손잡이를 잡고 어깨 높이에서 8자더블돌리기를 하면서 반대쪽 발을 옆으로 내밀어 발끝을 찍어 주는 것을 반복하는 동작이에요."

[줄돌이 쌤 비법1] 8자돌리기를 정확하게 2번씩 돌리고 난 후 방향을 바꾸어 주도록 지도한다.

[줄돌이 쌤 비법2] 내밀지 않는 발을 주로 이용하여 균형을 잡도록 한다.

줄돌리기1 연습: 왼쪽 어깨 위 2번씩 돌리기
줄돌리기2 연습: 오른쪽 어깨 위 2번씩 돌리기
발동작1 연습
발동작2 연습
줄돌리기1+발동작1
줄돌리기2+발동작1

<❷교시> - 되돌리기

 "여러분, 혹시 되돌리기라는 기술을 들어보았나요?"

"되돌리기란 줄이 바닥을 치지만 넘지 않고 다시 돌아오는 기술이에요."

* 되돌리기(2도약 박자)

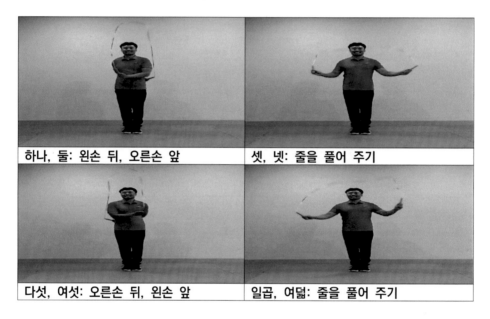

하나, 둘: 왼손 뒤, 오른손 앞	셋, 넷: 줄을 풀어 주기
다섯, 여섯: 오른손 뒤, 왼손 앞	일곱, 여덟: 줄을 풀어 주기

 "연습하는 방법을 알려줄게요."

"줄 없이 3개의 동작으로 나누어 연습할거에요. 줄을 반으로 접어 발에 밟히지 않는 곳에 내려놓으세요."

① 줄 없이 시작해요. 8자돌리기 하듯이 양손을 손등이 앞을 보게끔 왼쪽으로 내려요.

② 앞에 있는 손과 뒤에 있는 손으로 동시에 동작을 취하는데, 오른손(앞에 있는 손)은 물건을 상대방에게 건네주는 듯한 자세(파이팅 자세)를 하고, 왼

손은 몸의 옆 부분과 나란히 되었을 때 허리 뒤로 돌려 허리 끝까지 보내줘요.

③ 허리 뒤로 갔던 왼손과 오른손을 원래 자리로 보내줘요.

④ 앞멈춤 자세로 마무리 해요.

"두 가지 방법을 반복해서 연습한 후 ①, ② 동작을 한 번에 연결하여 동작을 해보세요."

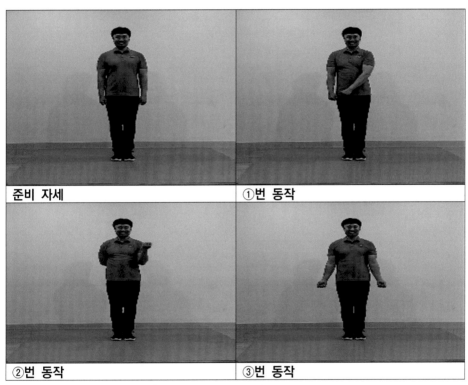

| 준비 자세 | ①번 동작 |
| ②번 동작 | ③번 동작 |

앞 손의 위치

"선생님!"

 "어깨에 줄이 걸려요!"

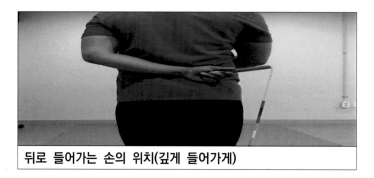 "뒤로 들어가는 손이 깊게 들어가도록 해봐요."

뒤로 들어가는 손의 위치(깊게 들어가게)

 "들어가는 손의 반대쪽 발에 줄이 자꾸 걸려요!"

 "들어가는 손과 나오는 손이 동시에 나오도록 해봐요."

앞뒤 손 나오는 타이밍(동시에)

 "앞 손에 줄이 감겨요!"

 "앞 손을 펼치는 타이밍을 조금 앞으로 당겨 줘요."

앞 손에 줄이 감길 때(앞 손을 너무 빨리 빼 줄 때)

[줄돌이 쌤 비법1] 어느 손이 뒤로 가야하는지 헷갈리면 '왼손 뒤', '오른손 뒤'라고 말하면서 연습해봐요.

[줄돌이 쌤 비법2] 허리 뒤로 가는 손은 허리 끝까지 깊숙이 넣어줘요.

[줄돌이 쌤 비법3] 앞의 손은 배와 주먹 하나가 들어갈 거리를 유지하여 붙지 않도록 해야 해요.

[줄돌이 쌤 비법4] 앞의 손동작을 할 때 손목의 스냅을 이용해 주면 수월해요.

[줄돌이 쌤 비법5] 줄을 아래에서 아래로 보낸다는 느낌으로 동작을 하면 더욱 잘 되요.

[줄돌이 쌤 비법6] 줄을 앞으로 넘긴 힘을 이용하여 동작을 해요.

[줄돌이 쌤 비법7] 허리 뒤로 가는 손은 한 동작에 허리 뒤로 보내고 줄넘기 손잡이 끝이 바닥을 향하였다가 허리 뒤로 들어가야 해요.

[줄돌이 쌤 비법8] 앞 손은 명치 이상의 높이까지 올라가지 않도록 한다.

[줄돌이 쌤 비법9] 뒤로 가는 손 쪽의 어깨는 정면을 향하도록 한다.

<❸교시> - 되돌려옆흔들어뛰기

"이번 시간에는 되돌려옆흔들어뛰기를 배워볼거에요."
"이 기술을 하기 위해서는 먼저 익혀야 하는 동작들이 있어요."

1) 되돌려옆흔들어뛰기를 익히기 전 2박자에 되돌리기(되돌리기 빠르게)동작을 할 수 있어야해요. 시작할 때 줄이 머리 위에 있게 줄을 띄운 상태에서 시작하면 2박자 되돌리기 동작을 수월히 할 수 있어요.

예비박(이) 없이 시작하는 경우	예비박이 있는 경우
-시작할 때 줄이 바닥에서 시작하는 경우	-시작할 때 줄이 머리 위에 있게 하여 시작하는 경우

2) 이런 동작들도 한 번 해보세요!
- 되돌리기 하면서 한 발씩 들어 보세요.

되돌리기 하며 한 발씩 들기

- 되돌리기 하면서 앞으로 걷기, 뒤로 걷기 동작을 해보세요.

되돌리기 하며 앞뒤로 걷기

- 되돌리기 하면서 한 발씩 옆내어 찍기 동작을 해보세요.

되돌리기 하며 옆내어 찍기

- 양발모아 되돌려뛰기(되돌리기를 2박자씩 하며 1번째 박자는 쉬고, 2번째 박자부터 양발모아 점프를 하며 2박자 되돌리기를 연속적으로 한다.)를 해보세요.

양발모아 되돌려뛰기

[줄돌이 쌤 비법1] 앞의 손동작을 할 때 손목 스냅을 쓰지 않고 팔이나 팔꿈치를 이용하면 손이 머리 위까지 올라가서 되돌리기를 2박자에 하기가 어렵다. 따라서 앞 손 손목 스냅을 이용해야 한다.
[줄돌이 쌤 비법2] 뒤로 들어가는 손이 2도약 박자 되돌리기(되돌리기 느리게)보다 더 빠르고 깊게 들어가도록 해야 한다.

"이제 되돌려옆흔들어뛰기를 하는 방법을 알아볼까요?"

① 4박으로 나누어 연습하는 방법이 있어요.

- 1박: 되돌리기 1번(되돌리기 동작을 2동작으로 나누었을 때) 동작을 하며, 이때, 다리는 움직이지 않아요.

1박

- 2박: 되돌리기 2번 동작을 하며 왼쪽 다리를 옆으로 들어 줘요.

2박

- 3박: 왼발을 서서히 내리면서 오른쪽 되돌리기 1번 동작을 해요.

3박

- 4박: 오른쪽 되돌리기 2번 동작을 하면서 왼발과 오른발을 바꾸며 오른발을 옆으로 들어 줘요.

4박

* 숙달이 되면 다리를 드는 각도를 늘린다.

② 구령(동작 이름을 소리내며 연습하는 방법)을 하며 익히는 방법이에요.

- 일반적인 경우: '하나(이때, 다리는 움직이지 않음) 들고 딛고(맨 처음에는 오른발) 바꾸고'(바꾸며 뛰어야 함)로 구령하며, **첫 박에서는 팔 동작만 하고 다리는 움직이지 않는다는 것을 잘 기억해야한다.**

- 들고 있는 다리를 너무 빨리 내릴 때: '하나, 들고 (들고 있는 다리를) 기다리고 바꾸고'로 구령을 한다.

<❹교시> - 줄 팔에 감고 풀기

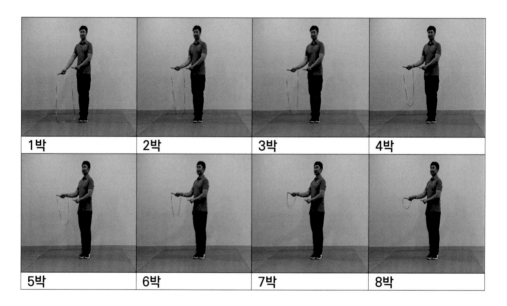

🧑 "이번에는 팔에 줄 감고 풀기를 배워볼거에요."

가) 8박자 팔에 줄 감고 풀기 동작을 익혀볼게요.

1) 왼팔을 왼쪽으로 펴서 들고 바닥을 치지 않고 오른쪽 손잡이를 왼팔 팔꿈치에 갖다 대고 8박자에 줄을 감은 후 그 자리에서 풀고, 오른팔에 8박자 감고 그 자리에서 풀어 줘요.

2) 줄이 팔에 감기는 원리를 익히는 동작이므로 자세에 너무 신경 쓰지 않아도 되요.

1박	2박	3박	4박
5박	6박	7박	8박

🧑 "이제 음악줄넘기를 할 때 많이 쓰이는 4박자 팔에 줄 감고 풀기 동작을 알아볼게요."

1) 먼저 왼쪽부터 시작하는 것을 기준으로 설명해줄게요.

- 1박에 양팔을 왼쪽으로 펴서 들며(왼팔이 바깥쪽) 8자돌리기 하는 방식으로 왼쪽 바닥을 쳐요.

1박

- 2박, 3박, 4박에 줄을 왼팔에 3번 감아 줘요.

| 2박 | 3박 | 4박 |

[줄돌이 쌤 비법 1] 이때, 왼팔 팔꿈치를 살짝 구부려 주고, 오른쪽 손잡이의 위치는 손잡이의 안쪽 끝이 팔꿈치 아래 근처에 오도록 해요.

[줄돌이 쌤 비법2] 오른쪽 손잡이 안쪽 끝의 위치가 줄이 감기기 시작하는 위치이므로 이를 고려하여 위치를 정해요.

- 5박에 줄을 풀기 위해 왼팔을 오른쪽으로 향하게 해요.

5박(방향 바꾸어 주기)

- 6박, 7박, 8박에 줄을 왼팔에서 풀어줘요.

| 6박 | 7박 | 8박 |

"2박자 팔에 줄 감고 풀기 동작도 해볼까요?"

"4박자 팔에 감고 풀기와 하는 방법은 같아요. 단, 줄을 1번만 감고 풀어 준다는 데에 차이가 있어요."

* 2박자 팔에 줄 감고 풀기 왼쪽부터

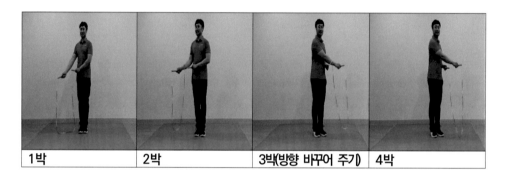

| 1박 | 2박 | 3박(방향 바꾸어 주기) | 4박 |

[줄돌이 쌤 비법 1] 줄 넘을 때와 마찬가지로 줄을 최대한 허벅지(몸)와 가까이 해요.

[줄돌이 쌤 비법 2] 줄이 감기는 부분이 손목과 팔꿈치 사이(상박)가 되도록 해야 줄을 컨트롤하기가 용이하고 동작을 예쁘게 시연할 수 있어요.

줄 감기 시작하는 위치(손목과 팔꿈치 사이)

[줄돌이 쌤 비법 3] 제자리에서 걸으며 팔에 줄 감고 풀기를 하면 리듬감을 더할 수 있어요.

제자리에서 걸으며 팔에 줄 감고 풀기

[줄돌이 쌤 비법 4] 줄의 동작이 끝나기까지 항상 기다린다는 마음으로 돌려야지, 줄의 동작을 마치기도 전에 다음 동작을 하면 동작이 잘되지 않아요.

☺ <쉬는 시간> - 되돌리기 1번 자세로 줄넘기하기

"이번에는 되돌리기 동작을 이용한 EB (한 손 앞, 한 손 허리 뒤넘기=되돌리기 1번 자세로 넘기) 줄넘기 방법에 대해 알아볼게요."

단계별로 연습해봐요.

1) 1단계: 왼손을 앞에, 오른손을 뒤로 한 상태에서 오른손에만 줄을 잡고 줄 돌리는 연습을 해요.

1단계: 뒤의 손 줄 돌리기 연습

2) 2단계: 왼손(앞의 손)에만 줄을 잡고 줄 돌리는 연습을 해요.

2단계; 앞의 손 줄 돌리기 연습

3) 3단계: 점프하며 1단계 연습을 해요.

3단계: 점프하며 앞의 손 줄 돌리기

4) 4단계: 점프하며 2단계 연습을 해요.

4단계: 점프하며 뒤의 손 줄 돌리기

5) 5단계: 줄을 앞으로 넘겨 EB 양발에 거는 연습을 해요.

5단계: 줄을 양발에 거는 연습

6) 6단계: EB 한 번 넘고 넘어오는 줄을 양발에 거는 연습을 해요.

6단계: EB 한 번 넘고 넘어오는 줄 양발에 걸기

7) 7단계: EB 넘기를 연속으로 해 봐요.

7단계: 연속으로 EB 넘기

[줄돌이 쌤 비법 1] 뒤로 들어가는 손은 허리 뒤로 깊숙이 넣고, 손이 등 뒤에서 떨어지지 않도록 해야 해요.

[줄돌이 쌤 비법 2] 앞의 손 손목뿐만 아니라 뒤로 들어가는 손의 손목도 잘 돌려 줘야 해요.

[줄돌이 쌤 비법 3] 뒤로 손을 넣는 쪽의 어깨가 틀어지지 않도록 해야 해요.

[줄돌이 쌤 비법 4] 양발에 걸기 동작을 했을 때 양발에 걸리지 않으면 실제 줄을 가지고 넘을 때 줄이 걸린다는 의미이므로 양발에 걸기 동작을 충분히 연습해야 해요.

되돌리기가 안되요! 도와주세요!

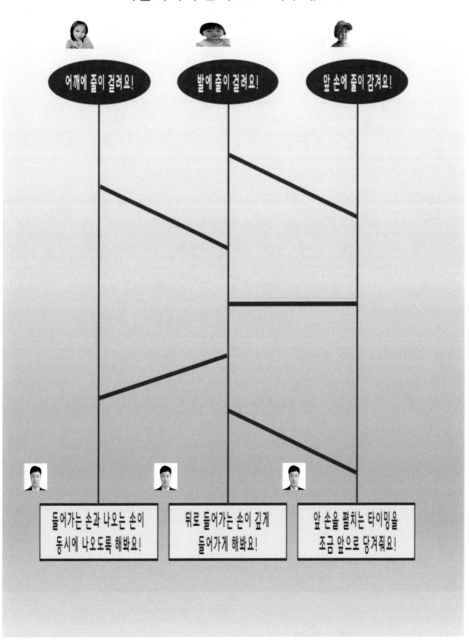

어깨에 줄이 걸려요!

발에 줄이 걸려요!

앞 손에 줄이 감겨요!

들어가는 손과 나오는 손이 동시에 나오도록 해봐요!

뒤로 들어가는 손이 깊게 들어가게 해봐요!

앞 손을 펼치는 타이밍을 조금 앞으로 당겨줘요!

- 제5장 -
금요일! 다양한 발동작으로 넘어보자!

<❶교시> - 번갈아스텝, 번갈아두박자스텝

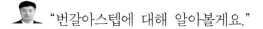 "오늘은 줄넘기를 할 때 발동작에 변화를 주어 줄을 넘는 방법에 대해 알아보도록 할게요."

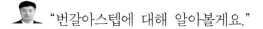 "발동작을 스텝이라고도 하는데요, 스텝의 단계별 연습 방법에 대해 알려줄게요."

1) 1단계: 줄 없이 스텝만 연습해요.

2) 2단계: 한 손에 줄을 잡고 돌리며 스텝을 연습해요.(오른쪽, 왼쪽 골고루 해요.)

3) 3단계: 양손에 줄을 각각 1개씩 잡고 스텝을 연습해요.(줄 2개가 필요해요!)

4) 4단계: 줄을 넘으며 스텝을 반복 연습해요.

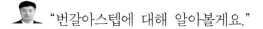 "번갈아스텝에 대해 알아볼게요."

- 이 스텝은 제자리에서 조깅 하듯 양발을 번갈아 가면서 뛰는 방법이에요.

- 왼발부터 점프하며 오른발은 무릎을 살짝 든다는 느낌으로 들고 오른발을 왼발의 복숭아뼈에 갖다 댄다는 느낌으로 가져가 줘요. 이때, 들고 있는 발의 발끝이 지면을 향하도록 해야 해요.

- 한 발씩 점프할 때마다 줄을 한 번씩 돌려줘야 해요.

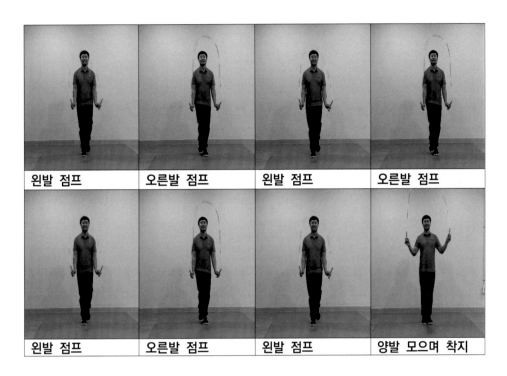

| 왼발 점프 | 오른발 점프 | 왼발 점프 | 오른발 점프 |
| 왼발 점프 | 오른발 점프 | 왼발 점프 | 양발 모으며 착지 |

"선생님, 저는 양발모아뛰기는 바른 자세로 잘 되는데 번갈아스텝이 어색하고 자세가 예쁘지 않아요! 어떻게 연습하면 되나요?"

"양발모아뛰기를 하다가 번갈아스텝을 해보도록 해요. 곧바로 번갈아스텝을 하는 것보다 양발모아뛰기를 한 후, 번갈아스텝을 시도하면 평소 익숙한 스텝인 양발모아뛰기 자세가 그대로 유지되어 안정된 팔, 다리, 몸의 자세 그대로 번갈아스텝을 할 수 있기 때문이에요. 처음부터 번갈아스텝을 시도하면 다리 동작에 신경을 쓰느라 팔의 자세가 좋지 않게 되요."

"여러분 번갈아스텝은 왜 배울까요?"
"쑥쑥이가 이야기해볼까요?"

"선생님, 번갈아스텝이 양발모아뛰기보다 좋은 점은 양발모아뛰기는 두 발이 항상 긴장해 있지만 번갈아스텝은 두 발이 번갈아 가며 쉴 수 있기 때문에 몸에 무리가 덜 간다는 점이에요. 따라서 장시간 뛰기에 적합한 줄넘기 방법이에요."

"그럼 여러분, 선생님이 줄을 넘으며 앞으로 이동해볼게요."
"양발모아뛰기로 이동해보고 번갈아뛰기로 이동해볼게요."
"어느 게 더 안정적으로 보이나요?"

"번갈아스텝으로 이동할 때가 더 안정적으로 보여요!"

"아직 번갈아스텝을 성공하지 못한 친구들은 번갈아스텝을 단계별로 연습해 볼게요."
"줄 없이 연습, 한 손에 줄 잡고 연습, 두 손에 줄 한 개씩 잡고 연습, 스텝 완성의 순서로 해볼게요."

* 번갈아스텝의 단계별 연습법

줄 없이 발동작만 연습해요.	왼손 줄 돌리며 발동작 연습해요. (오른손도 연습해요.)
양손 줄 돌리며 발동작 연습해요.	번갈아스텝 완성!

[줄돌이 쌤 비법] 앞의 연습을 해도 번갈아스텝이 잘 안되는 친구들은 이렇게 연습해봐요!

1단계: 왼발 4번뛰기 후 앞멈춤을 해요.

2단계: 오른발 4번뛰기 후 앞멈춤을 해요.

3단계: 왼발 오른발 4번씩 연결하여 뛰기 후 앞멈춤을 해요.

4단계: 왼발 2번 뛰기 후 앞멈춤을 해요.

5단계: 오른발 2번 뛰기 후 앞멈춤을 해요.

6단계: 왼발 오른발 2번씩 연결하여 뛰기 후 앞멈춤을 해요.

7단계: 번갈아스텝을 시도해 봐요.

"두 번째로 배울 스텝은 번갈아두박자스텝이에요."

1) 번갈아두박자 스텝은 한 발에 두 번씩 점프하며 뛰는 방법이에요.

- 기본적인 자세는 번갈아스텝과 동일해요.

- 줄이 한 번 돌아갈 때마다 한 번씩 점프를 해야 해요.

- 번갈아스텝과 함께 장시간 줄넘기를 뛰는 데 적합한 스텝이에요.

[줄돌이 쌤 비법] 안정된 자세로 줄을 넘기 위하여 양발모아뛰기를 하다가 번갈아스텝을 시도해보도록 해요.

<❷교시> - 십자스텝, 가위바위보스텝

👤 "이번 시간에는 십자스텝과 가위바위보스텝을 배울 거예요."
"먼저 십자스텝이 어떤 스텝인지 알아볼게요."
- 십자스텝은 번갈아두박자스텝을 응용한 스텝으로 왼쪽 2번, 오른쪽 2번, 위쪽 2번, 아래쪽(시작할 때 서 있던 자리) 2번씩 이동하는 스텝동작이에요.

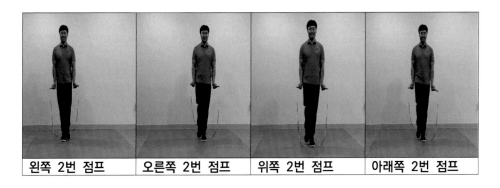

왼쪽 2번 점프	오른쪽 2번 점프	위쪽 2번 점프	아래쪽 2번 점프

- 반드시 줄이 지나가고 난 후에 이동을 해야 줄에 걸리지 않아요.
- 이동할 때는 너무 많이 이동하면 줄에 걸리거나 스텝 자세가 예쁘지 않게 되기 때문에 여러분의 운동 능력 범위 내에서 적당히 이동해야해요.
그럼 동작을 배워볼까요?
- 십자스텝은 좌우로 이동하는 번갈아두박자스텝과 위아래로 이동하는 번갈아두박자스텝이 합쳐진 동작이에요.
- 그래서 좌우로 이동하는 번갈아두박자스텝과 위아래로 이동하는 번갈아두박자스텝을 각각 연습하고, 두 가지를 합쳐서 동작을 하면 좋아요.
- 처음에는 좌우 번갈아두박자스텝 부분을 하지 말고 제자리에서 번갈아두박자 스텝 후 앞뒤 번갈아두박자스텝을 이용해 연습하면 더 쉽게 연습할 수 있어요.

"선생님, 전 십자스텝 발동작이 너무 어려운 것 같아요. 어떻게 연습하면 좋죠?"

"통통아, 발동작이 어려운 경우 줄 없이 또는 줄넘기 손잡이 두 개를 한 손으로 잡고 줄을 돌리면서 십자스텝을 하는 연습을 해보세요!"

"이번에는 가위바위보스텝에 대해 알아볼게요."

"선생님! 왜 이름이 가위바위보스텝인지 알 것 같아요."

"그래 쌩쌩이가 한 번 이야기해볼까?"

"가위바위보스텝은 발을 이용하여 가위바위보 놀이를 하는 모양과 비슷하여 붙여진 이름인 것 같아요."

"네, 아주 잘 이야기했어요."
"동작을 설명하면 하나에 어깨너비로 두 발을 벌리고(보) 둘에 모으고(바위) 셋에 왼발은 앞으로 오른발은 뒤로(가위) 넷에 모으고(바위), 그 다음 네 박자는 앞의 네 박자와 동작이 같지만 셋에 앞으로 내미는 발과 뒤로 하는 발만 바꾸어서 동작을 해주면 돼요."

.

| 벌리고 | 모으고 | 왼발 앞 오른발 뒤 | 모으고 |
| 벌리고 | 모으고 | 오른발 앞 왼발 뒤 | 모으고 |

- 반드시 줄이 넘어간 후 스텝 모양을 바꾸어야 줄에 걸리지 않아요.
- 발은 어깨너비 정도로만 벌리며 지나치게 많이 벌리지 않아야 해요.

'짝짝짝' "모두가 가위바위보스텝 동작을 성공했군요!"
- 가위바위보스텝은 다른 스텝에 비하여 초반에 성공 확률이 높아 완성도가 높은 스텝이기도 해요.
- 안정된 자세로 줄을 넘기 위하여 양발모아뛰기를 하다가 가위바위보스텝을 시도하도록 해요.

[줄돌이 쌤 비법] 발동작을 할 때 의식적으로 양팔이 벌어지지 않도록 생각하며 동작을 해야 해요.

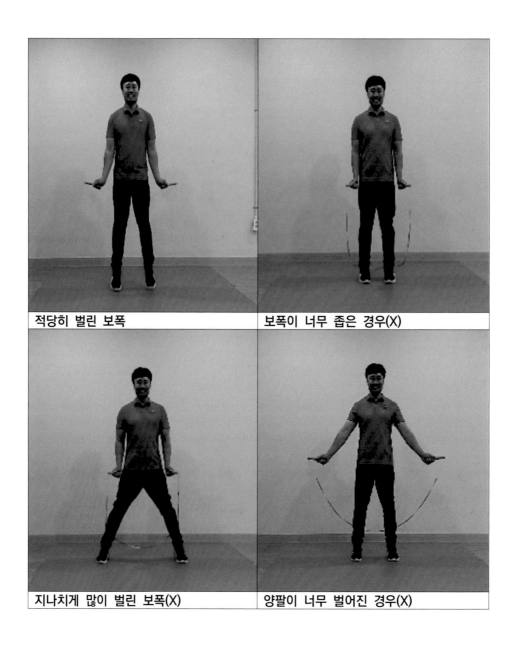

| 적당히 벌린 보폭 | 보폭이 너무 좁은 경우(X) |
| 지나치게 많이 벌린 보폭(X) | 양팔이 너무 벌어진 경우(X) |

<❸교시> - 앞흔들어스텝, 뒤들어모아스텝

![교사] "이번 시간에는 앞흔들어스텝과 뒤들어모아스텝에 대해 알아볼 거예요."

"앞흔들어스텝의 동작을 설명해줄게요."

- 하나에 양발로 점프하며 왼발을 뒤로 엉덩이에 닿을 정도로 깊게 접어줘요.
- 둘에 오른발로 점프하며 왼발을 살짝 아래로 내려 줘요. 이때 왼발은 바닥에 닿지 않은 상태예요.
- 한마디로, 오른발 두 번 뛸 때 왼발을 뒤로 접었다가 내리는 스텝이라고 할 수 있어요.
- 스텝의 명칭이 '흔들어스텝'이라고 하여 발을 앞으로 차듯이 차면 무릎의 인대에 무리가 가므로 뒤로 접었던 다리를 살짝 내려 주고 발끝은 지면을 향하도록 해줘야 해요.
- 무릎을 접을 때에는 무릎에 힘을 빼고 접어줘요.(그래야 깊숙이 접혀요.)

[줄돌이 쌤 비법1] 안정된 자세로 줄을 넘기 위하여 양발모아뛰기를 하다가 앞흔들어스텝을 시도하도록 해요.

[줄돌이 쌤 비법2] 번갈아두박자스텝을 8박 뛴 후 앞흔들어스텝을 하면 동작을 쉽게 할 수 있어요!

"앞흔들어스텝을 옆에서 본 모습이에요."

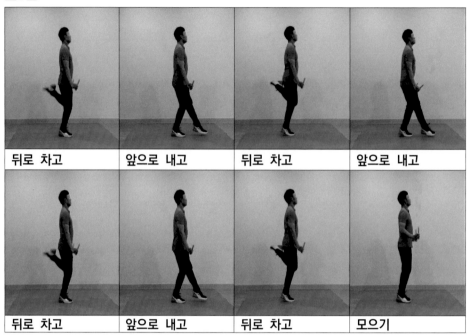

| 뒤로 차고 | 앞으로 내고 | 뒤로 차고 | 앞으로 내고 |
| 뒤로 차고 | 앞으로 내고 | 뒤로 차고 | 모으기 |

 "앞흔들어스텝을 앞에서 본 모습이에요."

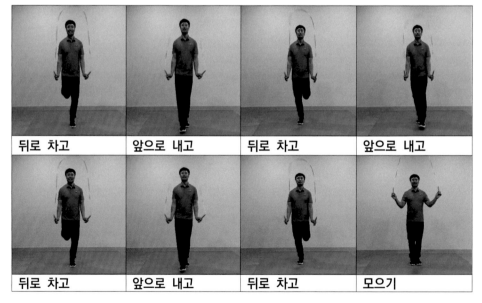

| 뒤로 차고 | 앞으로 내고 | 뒤로 차고 | 앞으로 내고 |
| 뒤로 차고 | 앞으로 내고 | 뒤로 차고 | 모으기 |

"다음으로 알아볼 스텝은 뒤들어모아스텝이에요."

1) 스텝 설명

- 하나에 양발로 점프하며 왼발을 엉덩이에 닿을 정도로 무릎을 접어 줘요.
- 둘에 왼발을 내려놓으며 양발로 착지해요.
- 발은 뒤로 엉덩이가 닿을 정도로 무릎을 깊게 접어줘요.
- 무릎을 접을 때에는 무릎에 힘을 빼고 접어요.(그래야 깊숙이 접혀요!)

 "뒤들어모아스텝을 옆에서 본 모습이에요."

| 뒤로 차고 | 양발 착지 | 뒤로 차고 | 양발 착지 |
| 뒤로 차고 | 양발 착지 | 뒤로 차고 | 양발 착지 |

 "뒤들어모아스텝을 앞에서 본 모습이에요."

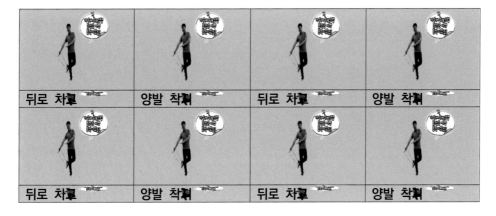

| 뒤로 차고 | 양발 착지 | 뒤로 차고 | 양발 착지 |
| 뒤로 차고 | 양발 착지 | 뒤로 차고 | 양발 착지 |

<❹교시> - 옆흔들어스텝, 크로스스텝

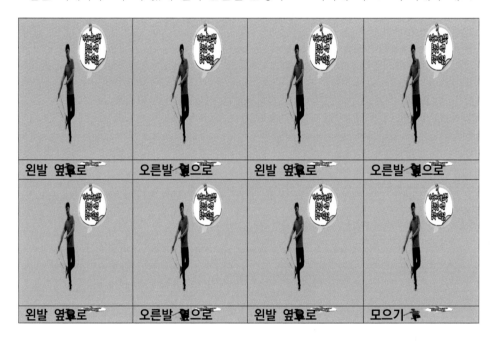

"어느덧 마지막 시간이네요. 이번 시간에는 옆흔들어스텝과 크로스스텝을 배워볼 거예요."

"옆흔들어스텝은 시계추처럼 좌우로 뛰는 스텝이에요."

- 하나에 양발로 점프하여 오른발을 디디며 왼발을 왼쪽으로 들어 줘요.

- 둘에 오른발을 점프하며 왼발을 제자리에 디딤과 동시에 오른발을 오른쪽으로 들어줘요.

- 셋, 넷은 하나, 둘, 동작을 반복해요.

- 발을 어깨너비보다 더 넓게 벌려 흔들면 균형이 흐트러지게 되므로 주의해야 해요.

왼발 옆으로	오른발 옆으로	왼발 옆으로	오른발 옆으로
왼발 옆으로	오른발 옆으로	왼발 옆으로	모으기

[줄돌이 쌤 비법1] 흔들었던 발을 제자리로 할 때에는 반대쪽 발을 차듯이 동작을 해요.

[줄돌이 쌤 비법2] 위로 들었던 발이 제자리로 돌아오지 않으면 몸의 중심이 흔들리고 스텝이 예쁜 모양으로 되지 않아요.

[줄돌이 쌤 비법3] 스텝을 하면서 팔이 벌어지지 않도록 주의해야 해요.

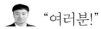 "여러분!"

"줄을 날씬하게 돌리면(손을 허벅지에 최대한 가까이 하면) 잘돼요", "줄을 통통하게(손을 허벅지에서 떨어지게) 팔을 벌려 돌리면 잘 안돼요".

| 줄을 날씬하게 돌릴 때 | 줄을 통통하게 돌릴 때(X) |

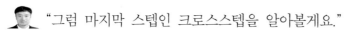 "그럼 마지막 스텝인 크로스스텝을 알아볼게요."

- 하나에 보스텝(가위바위보 중 '보' 모양의 스텝), 둘에 왼발을 앞에 오른발은 뒤에 크로스, 셋에 보스텝, 넷에 오른발은 앞에 왼발은 뒤에 크로스 스텝을 하는 방법이에요.

벌리고	왼발 크로스	벌리고	오른발 크로스
벌리고	왼발 크로스	벌리고	모으기

☺ <쉬는 시간> - 뒤로 넘기

"여러분, 뒤로 넘기 동작을 한 번쯤 시도해 보았죠? 뒤로 넘기, 잘 되나요?"

"뒤로 넘기를 하면 평소에 잘 쓰지 않는 근육 부위를 사용할 수 있어서 건강한 생활을 하는데 도움이 되요."

"뒤로 넘기를 단계별로 연습해 볼까요?"

- 1단계: 한 손에 줄넘기의 두 손잡이를 모아 잡고 돌리는 연습을 해요.
(천천히 돌리며 무릎 반동을 줘 보세요.)

한 손 줄돌리기
(제자리)

- 2단계: 한 손에 줄넘기의 두 손잡이를 모아 잡고 뛰면서 뒤로 돌리는 연습을 해봐요.(줄에 걸리지 않아 부담이 없고 타이밍 연습에 좋아요.)

한 손 줄돌리기
(뛰면서)

3) 뒤로 넘을 때에는 힘을 빼고 자연스럽게 넘도록 노력해요.

4) 앞으로 줄을 넘을 때에는 손이 약간 몸 앞으로 나와요. 반대로 뒤로 줄을 넘을 때에는 손이 약간 몸 뒤로 가게 되요. 왜냐하면 손이 앞에 가 있으면 줄이 뒤에서 앞으로 올 때 줄이 급하게 오므로 줄이 여유 있게 올 때보다 걸릴 확률이 높아지기 때문이에요.

뒤로 넘기의 바른 손 위치(팔이 살짝 몸 뒤로 가게)

 "여러분이 자주 실수하는 자세예요."
- 엉덩이가 뒤로 빠지면 팔이 더 앞으로 와서 줄을 넘을 여유가 없어져요.
- 뒤로 뛰기 할 때 나도 모르게 팔을 위로 들어 올려 걸리는 확률이 높아져요. 팔을 아래로 내려 주려고 노력해야 해요.
- 뒤로 넘을 때 긴장하여 발끝이 아닌 발전체로 착지하지 않도록 주의해야 해요.

[줄돌이 쌤 비법] 자동차, 산토끼(2도약과 1도약 섞어 뛰기), 뽀뽀뽀('뽀뽀뽀' 노랫말이 나올 때마다 1도약으로 뛰기)와 같은 짧은 노래에 맞추어 뒤로 넘기를 연습할 수 있어요!

☆ 놀이터

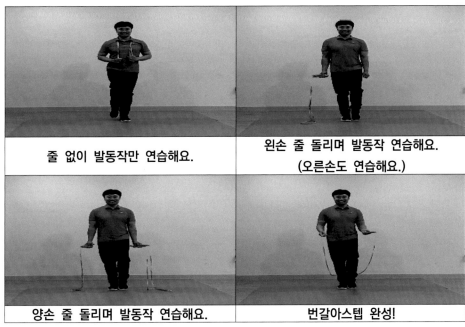

줄 없이 발동작만 연습해요.	왼손 줄 돌리며 발동작 연습해요. (오른손도 연습해요.)
양손 줄 돌리며 발동작 연습해요.	번갈아스텝 완성!

벌리고	모으고	왼발 앞 오른발 뒤	모으고
벌리고	모으고	오른발 앞 왼발 뒤	모으기

줄넘기 스쿨

발　행 | 2023년 7월 18일
저　자 | 주종민
펴낸이 | 한건희
펴낸곳 | 주식회사 부크크
출판사등록 | 2014.07.15.(제2014-16호)
주　소 | 서울특별시 금천구 가산디지털1로 119 SK트윈타워 A동 305호
전　화 | 1670-8316
이메일 | info@bookk.co.kr

ISBN | 979-11-410-3627-0

www.bookk.co.kr